Samenkorn

Lothar Gassmann

Das Tausendjährige Reich

Jesus Christus herrscht als Sieger

Bibel aktuell

Reihe Offenbarung Band 6

Samenkorn

Hinweis:

Die Auslegung der Offenbarung wurde vom Verfasser zunächst frei nach Stichworten im Verlauf mehrerer Bibelwochen vorgetragen, sodann von verschiedenen Geschwistern vom Band getippt und abschließend vom Verfasser bearbeitet und korrigiert. Der Redestil wurde beibehalten.

1. Auflage 2010

Christlicher Schriften- und Liederverlag
Liebigstr. 8, 33803 Steinhagen, Germany

Umschlag Foto:	Lothar Gassmann (Insel Patmos)
Umschlag Gestaltung:	Werner Fürstberger
Zeichnungen:	Irina Schulz
Satz:	Samenkorn e.V.
Druck und Bindung:	C.H.Beck, Nördlingen

ISBN: 978-3-936894-84-4

Inhalt

Die Hochzeit des Lammes
Offenbarung 19

Nach dem Fall der Hure Babylon (siehe den letzten Band) kommen wir nun zu dem Thema: Die Hochzeit des Lammes. Im Mittelpunkt steht der Sieg Jesu Christi, welcher als der Reiter auf dem weißen Pferd geschildert wird. Lesen wir zunächst das ganze Kapitel 19 aus der Offenbarung an Johannes:

Und nach diesem hörte ich eine laute Stimme einer großen Volksmenge im Himmel, die sprach: Hallelujah! Das Heil und die Herrlichkeit und die Ehre und die Macht gehören dem Herrn, unserem Gott! Denn wahrhaftig und gerecht sind Seine Gerichte; denn Er hat die große Hure gerichtet, welche die Erde verderbte mit ihrer Unzucht, und hat das Blut Seiner Knechte von ihrer Hand gefordert! Und nochmals sprachen sie: Hallelujah! Und ihr Rauch steigt auf von Ewigkeit zu Ewigkeit.

Und die 24 Ältesten und die vier lebendigen Wesen fielen nieder und beteten Gott an, der auf dem Thron saß, und sprachen: Amen! Hallelujah! Und eine Stimme kam aus dem Thron hervor, die sprach: Lobt unseren Gott, alle Seine Knechte und die ihr Ihn fürchtet, sowohl die Kleinen als auch die Großen! Und ich hörte etwas wie die Stimme einer großen Volksmenge und wie das Rauschen vieler Wasser und wie der Schall starker Donner, die sprachen: Hallelujah! Denn der Herr, Gott, der Allmächtige, hat die Königs-

herrschaft angetreten! Lasst uns fröhlich sein und jubeln und Ihm die Ehre geben! Denn die Hochzeit des Lammes ist gekommen, und Seine Frau hat sich bereit gemacht. Und es wurde ihr gegeben, sich in feine Leinwand zu kleiden, rein und glänzend; denn die feine Leinwand ist die Gerechtigkeit der Heiligen.

Und er sprach zu mir: Schreibe: Glückselig sind die, welche zum Hochzeitsmahl des Lammes berufen sind! Und er sprach zu mir: Diese sind die wahrhaftigen Worte Gottes! Und ich fiel vor seinen Füßen nieder, um ihn anzubeten. Und er sprach zu mir: Sieh dich vor, tue es nicht! Ich bin dein Mitknecht und der deiner Brüder, die das Zeugnis Jesu haben: Bete Gott an! Denn das Zeugnis Jesu ist der Geist der Weissagung.

Und ich sah den Himmel geöffnet, und siehe, ein weißes Pferd, und der darauf saß, heißt „Der Treue und der Wahrhaftige"; und in Gerechtigkeit richtet und kämpft Er. Seine Augen aber sind wie eine Feuerflamme, und auf Seinem Haupt sind viele Kronen, und Er trägt einen Namen geschrieben, den niemand kennt als nur Er Selbst. Und Er ist bekleidet mit einem Gewand, das in Blut getaucht ist, und Sein Name heißt „Das Wort Gottes". Und die Heere im Himmel folgten Ihm nach auf weißen Pferden, und sie waren bekleidet mit weißer und reiner Leinwand. Und aus Seinem Mund geht ein scharfes Schwert hervor, damit Er die Heidenvölker mit ihm schlage, und Er wird sie mit eisernem Stab weiden; und Er tritt die Weinkelter des Grimmes und des Zornes Gottes, des Allmächtigen. Und Er trägt an Seinem Gewand und an Seiner Hüfte den Namen geschrieben: „König der Könige und Herr der Herren".

Und ich sah einen Engel in der Sonne stehen; und er rief mit lauter Stimme und sprach zu allen Vögeln, die inmitten des Himmels fliegen: Kommt und versammelt euch zu dem Mahl des großen Gottes, um das Fleisch der Könige zu verzehren und das Fleisch der Heerführer und das Fleisch der Starken und das Fleisch der Pferde und derer, die darauf sitzen, und das Fleisch aller, der Freien und der Knechte, sowohl der Kleinen als auch der Großen! Und ich sah das

Tier und die Könige der Erde und ihre Heere versammelt, um Krieg zu führen mit dem, der auf dem Pferd sitzt, und mit Seinem Heer. Und das Tier wurde ergriffen und mit diesem der falsche Prophet, der die Zeichen vor ihm tat, durch welche er die verführte, die das Malzeichen des Tieres annahmen, und die sein Bild anbeteten; die beiden wurden lebendig in den Feuersee geworfen, der mit Schwefel brennt. Und die Übrigen wurden getötet mit dem Schwert dessen, der auf dem Pferd sitzt, das aus Seinem Mund hervorgeht, und alle Vögel sättigten sich von ihrem Fleisch.

Wer ist die Braut des Lammes?

Wir stehen hier anbetend vor dem HERRN, der in solcher Pracht und Herrlichkeit erscheint. Er ist der Bräutigam, das Lamm von Golgatha. Wer ist nun Seine Braut? Die Braut Jesu Christi sind alle Erlösten zu allen Zeiten!

Es sind zunächst die Erlösten aus Israel, die alttestamentlichen Gerechten, die auf das Kommen des Messias gewartet und an den Gott Israels geglaubt haben als den einzig lebendigen Gott. Diese haben die Opfer im Alten Bund für ihre Sünden dargebracht als Vorausschattung auf das einzige gültige, wahre und vollkommene Opfer Jesu Christi, das Gott und die Welt wirklich versöhnt, sofern die Menschen darauf vertrauen, daran glauben.

Weiter ist die Braut Jesu die Gemeinde des Neuen Bundes, die bis zur Entrückung auf der Erde gewandelt ist. Die letzte Generation der Gemeinde Jesu auf Erden wird die Entrückung erleben, welche meines Erachtens in der Mitte der Trübsalszeit, zur Zeit der letzten, der siebten Posaune (siehe Offenbarung 11 und die dortige Auslegung) zu erwarten ist.

Zur Braut Jesu gehören schließlich auch die Märtyrer der restlichen Trübsalszeit, welche die zweite Hälfte (3 ½ Jahre) der großen Trübsal (insgesamt 7 Jahre, siehe Daniel 9) umfasst. Auch diese Blutzeugen Jesu werden am Ende der Trübsal in die Herrlichkeit Gottes, in das Reich Jesu Christi aufgenommen und treten die Königsherrschaft mit Jesus an.

Verlobung, Zuführung und Gelöbnis

Nun wollen wir uns mit der Hochzeit des Lammes befassen. In Israel bestanden Hochzeiten aus drei Teilen: Der erste Teil war die Verlobung, der zweite Teil die Zuführung und der dritte Teil das Gelöbnis, verbunden mit einer großen Zeremonie.

Die **Verlobung** wurde oft schon recht früh vollzogen und wurde als Beginn der Ehe gewertet. So war auch die Verlobung zwischen Maria und Josef schon ein Eheversprechen. Deshalb wollte Josef, als er dachte, dass Maria von einem anderen Mann

schwanger war, sie entlassen, das heißt, ihr einen Scheidebrief ausstellen, und dies wäre eine Auflösung der Ehe gewesen. Dies wollte Josef tun, um Maria die Strafe der Steinigung zu ersparen, die damals auf Ehebruch stand. Dann allerdings erschien Josef ein Engel und teilte ihm mit, dass das Kind in Maria vom Heiligen Geist sei. Daraufhin ist Josef bei Maria geblieben und wurde so der Pflegevater unseres Herrn und Heilandes Jesus Christus (Matthäus 1,18ff.). So war die Verlobung also der Beginn der Ehe. Geistlich geschieht dieser Ehebund zwischen einem Menschen und Jesus Christus bei der Bekehrung und Wiedergeburt dieses Menschen (Johannes 3). In dem Moment, da ein Mensch durch Bekehrung und Wiedergeburt ein Kind Gottes wird, ist er dem Lamme Jesus Christus verlobt (2. Kor. 11,2).

Der zweite Teil einer Hochzeit in Israel war die **Zuführung** der Braut zum Bräutigam: Diese Festlichkeiten dauerten oft mehrere Tage an und gingen der eigentlichen Hochzeitszeremonie voraus. Diese Zuführung der Braut zum Bräutigam entspricht geistlich gedeutet der Entrückung der Gemeinde (der Braut) Jesu. Die Märtyrer, die in der zweiten Hälfte der Trübsalszeit (also nach der Entrückung) sterben, werden ebenfalls direkt Jesus zugeführt. So findet diese Zuführung der Braut Jesu, also die Entrückung, während der Trübsalszeit und vor der Errichtung des Tausendjährigen Reiches statt.

Der dritte Teil der Hochzeit in Israel ist dann die eigentliche Zeremonie, das **Gelöbnis**. Bei uns beinhaltet es die Formel: „Ich gelobe Dir Treue, bis dass der Tod uns scheidet." Im herrlichen Reich Jesu Christi wird es natürlich keinen Tod und damit auch keine Scheidung zwischen Jesus und Seiner Braut - der Gemeinde - geben. So findet die Hochzeit des Lammes dann statt, wenn die Gemeinde Jesu für ihre Herrschaft im Tausendjährigen Reich zubereitet wird.

Das Tausendjährige Friedensreich des Messias wird direkt im Anschluss an Kapitel 19 in Offenbarung 20 geschildert. Die Heiligen, die mit Jesus darin regieren, sind die Gläubigen aller Zeiten. So muss die Hochzeit des Lammes unmittelbar vor oder bei der Aufrichtung des Tausendjährigen Reiches stattfinden, welchem die Schlacht von Harmagedon unmittelbar vorausgeht. Dieser folgt direkt das Gericht über die Hure Babylon, den Antichristen und den falschen Propheten. Alle diese Ereignisse werden in Zusammenhang mit dem Sieg des Lammes beschrieben.

Sieben entscheidende Ereignisse

Sieben Ereignisse, sieben Handlungen durchdringen in Kapitel 19 unlösbar einander.

1. **Das Gericht über die Hure Babylon, den Antichristen und den falschen Propheten,** welches am Ende von Kapitel 19 noch einmal beschrieben wird. Der Teufel wird bei der Errichtung des Tausendjährigen Reiches für eben diese tausend Jahre gebunden und dann noch einmal losgelassen, wodurch Gott die Menschen nach dem Tausendjährigen Reich ein letztes Mal prüft, ob sie Ihm treu sind oder nicht.

2. **Der Siegesruf der Erlösten**, welcher unmittelbar in diesem Zusammenhang ergeht. - Alle diese Vorgänge erfolgen gebündelt, kulminiert, dicht auf dicht und gehen unmittelbar ineinander über.

3. **Die Hochzeit des Lammes**

4. **Das Erscheinen von Jesus Christus als Sieger**, welches untrennbar mit der Hochzeit des Lammes verbunden ist

5. **Das Gericht über die Völker**, welches nach dem Tausendjährigen Reich, in der Schlacht von Gog und Magog, in das Jüngste Gericht münden wird, wobei in der Schlacht von Harmagedon auch schon die Völker gerichtet werden. Harmagedon ist die erste große Stufe dieses Völkergerichtes und mündet nach dem Tausendjährigen Reich in das Endgericht der Völker vor dem großen weißen Thron Gottes.

6. **Die Schlacht von Harmagedon**

7. **Das Ende des Antichristen und des falschen Propheten**. Hiermit ist nicht nur das Gericht über diese finsteren Gestalten, sondern auch ihr Ende aufgezeigt: Sie werden im feurigen Pfuhl (der Hölle) gequält werden und von dort nicht mehr herauskommen.

Der Siegesruf der großen Volksmenge

Betrachten wir nun die Verse im Einzelnen:
Und nach diesem hörte ich eine laute Stimme einer großen Volksmenge im Himmel, die sprach: Hallelujah! Das Heil und die Herrlichkeit und die Ehre und die Macht gehören dem Herrn, unserem Gott! Denn wahrhaftig und gerecht sind Seine Gerichte.

Vers 1 berichtet uns von der großen Volksmenge im Himmel: Dies ist die große Volksmenge der Erlösten und Überwinder, der Gläubigen, welche uns schon in Offenbarung 7 und 14 begegnet ist, zu der meines Erachtens auch schon die 144.000, die Erlösten aus Israel, dazugehören. In Offenbarung 14,1 stellten wir uns die Frage, was mit dem Berg Zion gemeint ist. Gemäß dem Hebräerbrief (Hebräer 12,18–24) dürfte hier bezüglich der Endzeit-Ereignisse das himmlische Zion gemeint sein. So ruft nun die Braut Jesu, gesammelt aus den Gläubigen aus Israel und den Heiden: Hallelujah! Das heißt ins Deutsche übersetzt: „Lobet Jahwe!" Sie loben den HERRN, den einzigen wahren Gott.

Der Lobruf „Hallelujah!" findet sich besonders häufig in den Psalmen, vor allem in den letzten fünf, 146–150, welche alle mit dem Lobruf „Hallelujah!" beginnen. Im Neuen Testament hingegen findet sich dieser Lobruf nur viermal, und zwar ausnahmslos in Offenbarung 19, dem Siegeskapitel der Heiligen Schrift, welches mit diesem vierfachen Hallelujah! den Sieg Gottes über alle Mächte der Finsternis ausruft. Hallelujah! Preiset den HERRN!

Der heilige und gerechte Gott

„**Die Rache ist Mein**", spricht der HERR" (Römer 12,19) – Dies wollen wir immer bedenken und berücksichtigen, wenn wir von den Gerichten des Siegers Jesus Christus hören. Der HERR richtet gerecht; nicht in einem ungerechten Eifer oder im Jähzorn, wie es bei Menschen leider oft der Fall ist, sondern mit einer genau abgemessenen, sich planmäßig erfüllenden Gerechtigkeit über alles Unrecht, über alle Sünde dieser Welt.

Das Heil und die Herrlichkeit und die Ehre und die Macht gehören dem Herrn, unserem Gott! Denn wahrhaftig und gerecht sind Seine Gerichte; denn Er hat die große Hure gerichtet, welche die Erde verderbte mit ihrer Unzucht, und hat das Blut Seiner Knechte von ihrer Hand gefordert!

Das ist Gottes Gerechtigkeit! Ich betone: Wenn wir nicht durch das Blut Jesu Vergebung unserer Schuld erlangt haben, dann wird einmal unser Blut im Gericht des HERRN gefordert werden! Wie gut und herrlich ist es, dass wir durch Den, der für uns verblutet ist, Erlösung haben! Wir wollen uns fragen: Gehöre ich bereits diesem HERRN Jesus Christus? Habe ich Vergebung meiner Schuld? Habe ich im Glauben Sein Sühneopfer am Kreuz für mich, als Bezahlung für meine Sünden angenommen? Ich wünsche dies jedem!

Und nochmals sprachen sie: Hallelujah! Und ihr Rauch steigt auf von Ewigkeit zu Ewigkeit. Und die 24 Ältesten und die vier lebendigen Wesen fielen nieder und beteten Gott an, der auf dem Thron saß, und sprachen: Amen! Hallelujah!

Mit diesem Rauch ist der Rauch des Gerichts gemeint, im Besonderen über die Hure Babylon, wie es uns im vorigen Kapitel 18 geschildert wird. **In einer Stunde ist sie gefallen**, wird dort über die Hure gesagt, und die Völker haben sie beklagt und haben den Rauch des Gerichts von weitem aufsteigen sehen. Eine Vorschattung dieses Geschehens - noch nicht die eigentliche Erfüllung - war meines Erachtens das Geschehen am 11. September 2001, als die New Yorker Zwillingstürme zusammenbrachen und ihr Rauch weithin gesehen werden konnte. Das Zentrum der Weltwirtschaft sollte damals getroffen werden. Die Hure Babylon ist ja eine religiöse Macht, die sich mit den Mächtigen und Einflussreichen dieser Welt einlässt, dem Zeitgeist erlegen ist und den großen Abfall vom lebendigen Gott verkörpert.

In Vers 4 hören wir nun wieder von den 24 Ältesten, welche zusammen die zwölf Vertreter des Alten Bundes und die zwölf Vertreter des Neuen Bundes (die zwölf Apostel) sind. Des Weiteren lesen wir von den vier lebendigen Wesen, den Cherubim, welche in der engsten Gemeinschaft mit dem HERRN an Seinem Throne stehen und im Buch Hesekiel (Kapitel 1) ausführlicher beschrieben werden. Diese fielen nieder und beteten Gott an, Gott allein! Niemand sonst darf angebetet werden!

Gott allein ist anbetungswürdig

Dies wird auch noch einmal deutlich, als Johannes voll Überwältigung den Engel anbeten will, der ihm die Botschaft übermittelt hat, und dieser ihm das sofort verwehrt. „Bete Gott an!" wird zu Johannes gesagt. So tun es die Wesen im himmlischen Staate. Allein Gott dem HERRN gebührt die Anbetung - keinem Geschöpf, keinem Menschen, keinem Idol und auch keinem Engelwesen! **Und die 24 Ältesten und die vier lebendigen Wesen fielen nieder und beteten Gott an, der auf dem Thron saß, und sprachen: Amen! Hallelujah! Amen** heißt soviel wie: „Wahrlich, es ist so." „Es hat sich erfüllt." „Es ist so geworden, wie es verheißen war." „Genau so ist es die Wahrheit." - **Hallelujah** heißt wörtlich: „Lobt Jahwe!" Dieser Lobruf wird oft mit „Gott sei gelobt!" übersetzt.

Und eine Stimme kam aus dem Thron hervor (Die Stimme muss einem der Cherubim gehören, mit welcher er zur Anbetung Gottes aufruft), **die sprach: Lobt unseren Gott, alle Seine Knechte und die ihr Ihn fürchtet, sowohl die Kleinen als auch die Großen!**

Nun wird die Zahl der Anbeter Gottes erweitert: **Und ich hörte etwas wie die Stimme einer großen Volksmenge und wie das Rauschen vieler Wasser und wie der Schall starker Donner, die sprachen: Hallelujah! Denn der Herr, Gott, der Allmächtige, hat die Königsherrschaft angetreten!**

Nun stimmen in den Lobpreis der erlösten Menschen auch die Engelheere Gottes ein (**Rauschen vieler Wasser, Schall starker Donner**). So wird der Lobpreis um ein Vielfaches zur Ehre Gottes verstärkt.

Auch die Ursache des Lobpreises erfährt eine Steigerung: Zuerst war der Anlass des Lobpreises das gerechte Gericht Gottes über die Mörder Seiner Knechte, die der antichristlichen Koalition und deren Vorläufern über die Jahrhunderte hinweg zum Opfer fielen. Nun aber ist der Grund für den Lobpreis der Antritt der Königsherrschaft Gottes über Himmel und Erde. Jubelten zuerst allein die Erlösten, so stimmen jetzt auch die Engelheere mit ein. Die Königsherrschaft Gottes wird zunächst im Tausendjährigen Reich sichtbar (im Millennium) und dann endgültig im neuen Himmel und der neuen Erde (ewige Herrschaft Gottes). Gott allein ist der König der Könige und der Herr aller Herren!

Das Lamm und Seine Gemeinde

Lasst uns fröhlich sein und jubeln und Ihm die Ehre geben! Denn die Hochzeit des Lammes ist gekommen.

Über den Vorgang einer irdischen Hochzeit in Israel habe ich zu Beginn dieses Kapitels einiges gesagt. In der Bibel finden wir viele Hinweise auf diese Vereinigung von Braut und Bräutigam, immer als Sinnbild der innigen Beziehung zwischen Jesus und Seiner Gemeinde. So bringt die Feier des irdischen Abendmahls auch eine Vorfreude auf die Wiederkunft des HERRN („**... bis dass Er kommt ...**"; 1. Kor. 11,26) zum Ausdruck, bei welcher die völlige Reinigung der Gemeinde durch Jesu Blut sichtbar wird.

So werden wir, die Gläubigen, Ihm zugeführt werden wie die Braut dem Bräutigam. Dazu möchte ich eine wunderbare Bibelstelle aus Epheser 5,22ff. anführen: **Ihr Frauen, ordnet euch euren eigenen Männern unter als dem Herrn; denn der Mann ist das Haupt der Frau, wie auch der Christus das Haupt der Gemeinde ist; und Er ist der Retter des Leibes. Wie nun die Gemeinde sich dem Christus unterordnet, so auch die Frauen ihren eigenen Männern in allem. Ihr Männer, liebt eure Frauen gleichwie auch der Christus die Gemeinde geliebt hat und Sich Selbst für sie hingegeben hat, damit Er sie heilige, nachdem Er sie gereinigt hat durch das Wasserbad im Wort, damit Er sie Sich Selbst darstelle als eine Gemeinde, die herrlich sei, so dass sie weder Flecken noch Runzeln noch etwas ähnliches habe, sondern dass sie heilig und tadellos sei.**

Wenn von der Braut Christi die Rede ist, sind hier natürlich Männer **und** Frauen gemeint. Es handelt sich dabei um die gesamte erlöste Menschheit, die dem Herrn Jesus Christus ihr Leben übergeben hat, die an den Herrn Jesus als ihren Erlöser und Herrn glaubt. (Der unerlöste Teil der Menschheit muss sich im Endgericht vor Gott verantworten.) Es ist wunderbar, wie in Epheser 5 die irdische Ehe von Mann und Frau als ein Abbild der himmlischen Ehe von Christus und Seiner verherrlichten Brautgemeinde verglichen wird: Die Frau ist das Bild für die Gemeinde Christi. Wie die Frau sich dem Manne unterordnet, so sollen wir Christen uns Jesus Christus als unserem Haupt und Herrn unterordnen. ER ist der König über uns in der ewigen Herrlichkeit und Majestät.

Der Herr Jesus ist in der irdischen Ehe als Haupt im Manne verkörpert, und so sollen die Männer die Frauen lieben, wie Christus die Gemeinde liebt. Der HERR liebt Seine Gemeinde in Zeit und Ewigkeit. Er hat uns zuerst geliebt, und nun dürfen wir Ihn mit Seiner Liebe wieder lieben. Diese Liebe zeigen wir auch darin, indem wir uns **einander** unterordnen (Epheser 5,21). Dies gilt nicht nur für die irdische Ehe, sondern für die ganze Gemeinde. In der Ewigkeit der herrlichen Welt besitzen wir ja keine Geschlechtlichkeit mehr, sondern wir werden sein wie die Engel und nicht mehr freien und gefreit werden (Matthäus 22,30). Wir sind dann eine zubereitete Braut für den

Herrn Jesus Christus. So wird die irdische Ehe in der Bibel als Geheimnis für das Abbild dieser himmlischen Hochzeit von Jesus und Seiner Gemeinde gedeutet.

Ist die Braut bereit, wenn der Bräutigam erscheint?

Sehr bekannt ist auch das Gleichnis von den zehn Jungfrauen in Matthäus 25,1-13. In diesem ist ebenfalls eine Hochzeit angekündigt. Es berichtet von fünf klugen und fünf törichten (neudeutsch: dummen) Jungfrauen. Die Dummen haben nicht genügend Öl bei sich gehabt, um für die Hochzeit bereit zu sein. Eingeschlafen sind alle zehn, da es lange gedauert hat, bis der Bräutigam kam. 2.000 Jahre lang wartet die Christenheit nun schon, dass der Herr Jesus wiederkommt, dieser gefallenen Welt ein Ende macht und Sein Reich errichtet. Wir alle sind schläfrig, - wenn wir es recht zugeben! Oft fragen wir uns vielleicht: Wann kommt denn nun der Herr Jesus?

Aber es ist entscheidend, dass wir genug Öl bei uns haben. (Öl ist wohl ein Sinnbild für den Heiligen Geist.) Wir dürfen das Wort Gottes, das Gebet und die Gemeinschaft mit den Geschwistern nicht vernachlässigen. Jeden Tag sollen wir unsere Beziehung mit dem HERRN pflegen. Wenn wir müde werden, müssen wir zum HERRN flehen: Wecke mich neu auf! Schenke mir eine neue Erweckung! Schenke mir eine neue Bekehrung zu Dir, wenn es nötig sein sollte! Lass mich wieder brennend für Dich werden! Bis zum Ende unseres Lebens, bis zur Entrückung und Wiederkunft Jesu, gilt es durchzuhalten und Frucht für den HERRN zu bringen: „Nicht der Anfang, nur das Ende ziert des Christen Glaubenslauf!", heißt es im Liedvers. Wir müssen wirklich bereit sein, wenn der HERR kommt.

So also würde ich das Gleichnis von den zehn Jungfrauen verstehen: Durch das lange Warten sind wir alle schläfrig geworden, aber der HERR wird kommen, - darauf dürfen wir vertrauen - und so sollen wir alle Zeit bereit sein! Dieses Bereitsein gelingt nur durch eine bleibende Gebetsverbindung mit Jesus, durch die Gründung im Worte Gottes, der Bibel, und durch eine Verankerung in Seinem (Gottes) Heil, im Vertrauen auf Jesu Sühneopfer auf Golgatha, welches uns ein für allemal mit Gott versöhnt hat. Sind wir bereit, wenn der Bräutigam Jesus Christus erscheint?

Christi Blut und Gerechtigkeit ...

Denn die Hochzeit des Lammes ist gekommen, und Seine Frau hat sich bereit gemacht. Und es wurde ihr gegeben, sich in feine Leinwand zu kleiden, rein und glänzend; denn die feine Leinwand ist die Gerechtigkeit der Heiligen.

Das Wort „Batist" im griechischen Text bedeutet: glänzend weiß. So kleiden wir uns ja manchmal an Festtagen in Weiß, was natürlich nur ein schwacher Abglanz des himmlischen Weiß ist. Hier wird mit der „feinen Leinwand, rein und glänzend" keine äußere Kleidung beschrieben, sondern **die feine Leinwand ist die Gerechtigkeit der Heiligen.** Ist dies eine selbstgemachte Gerechtigkeit? Immer wieder muss man einzelne Bibelstellen im Gesamtzusammenhang der Heiligen Schrift auslegen: Es ist hier die geschenkte Gerechtigkeit aus Römer 1 gemeint. Es ist die Gerechtigkeit, die vor Gott gilt und die von Gott kommt, mit der Er uns überkleidet, weil unsere Sündenschuld mit Jesu Blut von uns abgewaschen ist. Diese Gerechtigkeit erlangen wir nur, wenn wir unsere Sünden bekennen und den Herrn Jesus bitten, uns mit Seinem Blut reinzuwaschen von aller unsrer Sünde, damit wir in Sein Reich eingehen können. So schreibt der Dichter:

„Christi Blut und Gerechtigkeit,
das ist mein Schmuck und Ehrenkleid!
Mit dem will ich vor Gott bestehn,
wenn ich zum Himmel werd eingehn!"

Nun ergeht wieder die Frage an uns: Tragen wir dieses Kleid von Jesu Gerechtigkeit? Sind wir Kinder Gottes? Dürfen wir die Hochzeit mit Jesus feiern? Jeder prüfe sich selbst!

Das hochzeitliche Kleid

Und er sprach zu mir: Schreibe: Glückselig sind die, welche zum Hochzeitsmahl des Lammes berufen sind!

Gott möchte alle Menschen einladen, aber es sind nicht alle bereit. Nicht alle tragen ein hochzeitliches Kleid. Dazu gibt es in den Evangelien mehrere Beispiele. Da möchte zum Beispiel jemand zum Hochzeitsmahl hineingehen, hat aber kein reines Kleid an. Er hat sich nicht dem Herrn Jesus untergeordnet und Seine Liebe angenommen. Er hat sich nicht mit Jesu Blut von seinen Sünden reinigen lassen. Vielleicht hat dieser Mensch sich selbst eine Gerechtigkeit gezimmert mit eigenen Werken. Oder er hat in irgendwelchen dunklen Quellen gesucht und sich dadurch verunreinigt. Er hat sich vielleicht esoterischen Strömungen hingegeben oder Engel verehrt. So wird heute in der Esoterik (auch in katholischen und orthodoxen Klöstern!) nicht mehr Gott, der Schöpfer und Sein Sohn Jesus Christus allein gesucht, verehrt und angebetet, sondern es wird auf Engel vertraut und diese werden sogar angerufen und angebetet. Engel sind sicherlich dienstbare Geister Gottes, aber sie sind nicht der Quell der Erlösung! Sie sind nur Überbringer der Offenbarung des HERRN und Vollstrecker Seiner Gerichte. Diese Unterschiede dürfen wir niemals verwischen. Heute gibt es ja einen Trend zu allen möglichen Ersatzreligionen oder Ersatzevangelien. Aber diese sind alle nicht „der Weg, die Wahrheit und das Leben". Dieser ist allein Jesus Christus. Er allein führt zu Gott dem Vater (Johannes 14,6).

Kein Engelkult!

Und er sprach zu mir: Diese sind die wahrhaftigen Worte Gottes! Hier wird die ausgeführte Wahrheit noch einmal untermauert: Amen, amen. Ja, es ist so! - wahrhaftig! -.

Und ich fiel vor seinen Füßen nieder, um ihn anzubeten.

So war Johannes beeindruckt! Dies war menschlich gesehen verständlich, aber geistlich nicht richtig. Hier sehen wir die geistlichen Grenzen des Johannes. Auch er kann noch falsch handeln, der so besonders gesegnete Apostel, welcher diese gewaltigen Offenbarungen auf Patmos empfangen durfte. Diese Anbetung eines Engels hätte er nicht in Erwägung ziehen sollen! Die Reaktion des Engels ist wahrhaftig: **Und er sprach zu mir: Sieh dich vor, tue es nicht! Ich bin dein Mitknecht und der deiner Brüder, die das Zeugnis Jesu haben: Bete Gott an!**

Die echten Engel Gottes weisen alle Verehrung ihrer Person weit von sich! Nur die falschen Engel, die dämonischen, gefallenen Geister, nehmen für sich Verehrung an. In der Esoterik, im Engelkult werden dämonische Geister verehrt und angerufen! Da wollen Menschen angeblich durch Engelkraft heilen, mit Edelsteinen, welche angeblich mit kosmischer Energie erfüllt sind. Dies jedoch bringt alles in Kontakt mit dämonischen Mächten, wovor uns die Heilige Schrift in vielen Bibelstellen warnt: z.B. in Kolosser 2, in 5. Mose 18,9ff.und vielen anderen mehr. Auf diese Verführung dürfen wir keinesfalls hereinfallen! **Bete Gott an!**, sagt der Engel. Gott allein sei die Ehre!

Der Geist der Weissagung

Denn das Zeugnis Jesu ist der Geist der Weissagung. Dieser Vers ist nicht leicht zu verstehen. Man könnte auch übersetzen: **Das Zeugnis Jesu ist der Geist der Prophetie.** Ich möchte diesen Vers mit Johannes 16,12–15 aus den sogenannten Abschiedsreden Jesu in Zusammenhang bringen. Jesus schildert seinen Jüngern, dass Er zum Vater gehen wird, dass Er ihnen aber den Heiligen Geist, als Tröster, als Paraklet, d. h. Beistand, senden wird. Der Heilige Geist wird die Jünger Jesu nach Seinem Weggang in alle Wahrheit leiten. So war es dann auch der Heilige Geist, der den Aposteln und den Jüngern Jesu die Evangelien, die Briefe und auch die Offenbarung, also die Schriften des Neuen Testamentes, geschenkt hat.

Dies alles wird insbesondere in Johannes 16 vorausgesagt. So lesen wir in Johannes 16,12ff, was der Herr Jesus Seinen Jüngern kurz vor Seinem Passionstod verheißt: **Noch vieles hätte Ich euch zu sagen; aber ihr könnt es jetzt nicht ertragen. Wenn aber jener kommt, der Geist der Wahrheit, so wird Er euch in die ganze Wahrheit leiten; denn Er wird nicht aus sich selbst reden, sondern was Er hören wird, das wird Er reden und was zukünftig ist, wird Er euch verkündigen.**

Letzteres bezieht sich meines Erachtens besonders auf die Offenbarung an Johannes auf Patmos! Natürlich kann diese Aussage auch mit den Endzeitreden Jesu in Verbindung gebracht werden: Man denke an Matthäus 24, Lukas 21 und Markus 13.

Er wird Mich verherrlichen; Der Heilige Geist wird niemand anders die Ehre geben als dem Lamm von Golgatha, Jesus Christus! ... **denn von dem Meinen wird er`s nehmen und euch verkündigen.**

Deshalb sind alle Neuoffenbarungen, die nach Abschluss der Bibel hervorgebracht worden sind und hervorgebracht werden, eindeutig falsche Prophetie. Wir müssen dabei an die Warnung aus Offenbarung 22,18–19 denken. Dort wird derjenige mit schrecklicher Strafe bedroht, der zu dieser Offenbarung Gottes etwas hinzutut oder von ihr etwas hinwegnimmt. Wir sollen uns allein auf Gottes Wort, so wie es uns seit dem

1. Jahrhundert nach Christus vorliegt, verlassen. **Alles, was der Vater hat, ist Mein; darum habe Ich euch gesagt, dass er von dem Meinen nehmen und euch verkündigen wird,** spricht Jesus Christus in Johannes 16.

Nachdem der Herr Jesus zum Vater gegangen war, hat Er also den Heiligen Geist gesandt, besonders an Pfingsten, und dieser hat die Jünger erleuchtet. Sie haben vom Heiligen Geist die Evangelien, die Briefe und die Offenbarung an Johannes empfangen. Alle diese Schriften sind Wort für Wort vom Heiligen Geist eingegeben (2. Petrus 1,21ff, 2. Timotheus 3,16). Das Wort Gottes ist geistgehaucht, inspiriert! Immer wieder, wenn wir es lesen, merken wir, dass es von einer wunderbaren Harmonie geprägt ist. Es gibt in der Bibel keine Widersprüche. Nur der Mensch, der Gottes Wort ohne die Leitung des Heiligen Geistes liest, meint Widersprüche in Gottes Wort zu finden. In 1. Korinther 2 steht klar, dass nur geistliche, das heißt vom Heiligen Geist geleitete, Menschen geistliche Dinge verstehen! Nochmals seien wir gewarnt, nichts von dem Buch der Offenbarung (auch Buch der Weissagung genannt) hinwegzunehmen oder ihm etwas hinzuzufügen! Es ist das letzte Buch der Heiligen Schrift (des Kanons) und mit der Offenbarung an Johannes ist gleichzeitig die gesamte Offenbarung Gottes an uns abgeschlossen! Dies zu beachten ist sehr wichtig, damit wir nicht auf falsche Propheten hereinfallen, die ihre eigenen Inspirationen zu Gottes Wort hinzufügen und diese sogar noch über Gottes Wort stellen! Sämtliche Sekten sind dadurch entstanden, dass Menschen beansprucht haben, eigene Offenbarungen dem Wort Gottes hinzuzufügen! Dies ist auch dadurch zu erkennen, dass fast jede Sekte noch zusätzliche Bücher zur Heiligen Schrift hoch hält und diese als unerlässliches Zusatzwissen preist: das Buch Mormon, die Wachtturm-Schriften, das Buch „Wissenschaft und Gesundheit“ usw.

Der Sieger auf dem weißen Pferd

Jetzt aber erscheint Jesus als Sieger! **Und ich sah den Himmel geöffnet:** Apokalypsis! Offenbarung! Der Vorhang, der über dem unsichtbaren göttlichen Wirken lag, wird weggezogen. Die himmlische Herrlichkeit wird sichtbar geoffenbart!

... und siehe, ein weißes Pferd,: Dieses weiße Pferd ist ein gewaltiges Symbol! Es ist kein irdisches Pferd, sondern ein himmlisches Symbol für den Sieg Jesu Christi, der jetzt aus der Verborgenheit in die Sichtbarkeit tritt. Die Ihm nachfolgen, reiten übrigens auch auf weißen Pferden. Die Farbe Weiß ist hier das Zeichen der absoluten Reinheit. Das Pferd steht als Bild des Siegesrosses für den absoluten Sieg Jesu Christi. Der Sünderheiland reitet nun nicht mehr wie bei Seinem ersten Kommen auf einem Esel in Jerusalem ein, sondern bei Seinem zweiten Kommen erscheint Er auf einem Siegesross als der Richter der Welt, als der Menschensohn gemäß Daniel 7!

Es war das Ziel sämtlicher Heerführer im alten Rom, auf einem weißen Pferd in diese Stadt einzureiten und damit ihren Sieg über die anderen Völker zu demonstrieren. Jesus Christus wird dieses Bild des weißen Rosses und seine Bedeutung in vollkommener Weise erfüllen: Er hat den Sieg über Sünde, Tod und Teufel errungen! Wann wurde denn dieser Sieg von Jesus Christus errungen? Am Kreuz von Golgatha, als Jesus Christus die Sünde der Welt sühnte! Bei Seinem zweiten Kommen wird dieser Sieg nun sichtbar realisiert (verwirklicht). Wir werden gleich lesen, dass die Schlacht von Harmagedon **eigentlich** gar nicht stattfindet; das heißt, es wird keinen langen Kampf geben. Der Herr Jesus wird nur ein Wort sprechen, und der Feind ist gefällt („mit dem Hauch Seines Mundes ..." heißt es in den Evangelien). Man denke auch an das Bild des Schwertes, welches aus Jesu Mund kommt. Aber es wird in der Schlacht von Harmagedon auch Blut fließen. Wer das Blut des Lammes nicht annimmt zur Reinigung seiner Sünden, dessen Blut wird von Gott gefordert werden, das heißt, dieser wird verdammt werden.

... und Der darauf saß, heißt „Der Treue und der Wahrhaftige": Das heißt: Jesus Christus ist treu, Er hält Sein Wort, Sein Versprechen und man kann Ihm vertrauen. Jesus hat gesagt, dass Er wiederkommen und Seine Jünger zu Sich holen wird (**„Denn in Meines Vaters Hause sind viele Wohnungen ..."**, verheißt Er in Johannes 14,2). Auch ist Jesus der Wahrhaftige, das heißt, außer Ihm gibt es keine Wahrheit und niemand kommt zum Vater im Himmel außer durch Ihn (Jesus Christus).

... und in Gerechtigkeit richtet und kämpft Er: Es gibt keine ungerechte Schlacht, sondern alles geht absolut gerecht zu: Niemand wird vom HERRN ungerecht verurteilt werden. Jeder bekommt das, was er verdient. Nur demjenigen, der im Lebensbuch des Lammes steht, wird das, was er eigentlich verdient hätte, nicht zugerechnet, sondern dem wird die Schuld abgenommen, weil Jesus für seine Schuld bezahlt hat. Verdient hätten wir alle den zweiten Tod, das ist die Verdammnis in der Hölle. Aber weil Jesus für uns bezahlt hat, werden wir, die wir an Ihn glauben, nicht verdammt werden, sondern zur ersten Auferstehung in die ewige Herrlichkeit Gottes gelangen.

Augen wie eine Feuerflamme

Seine Augen aber sind wie eine Feuerflamme: Diese Aussage begegnet uns bereits in Offenbarung 1, als der erhöhte Christus dem Johannes auf Patmos erscheint. Die Augen wie eine Feuerflamme: Der Herr Jesus Christus besitzt die Voraussetzung für ein gerechtes Gericht, weil Er dem Menschen mit durchdringendem Blick in sein Inneres, in sein Herz sehen kann: **„Ein Mensch sieht, was vor Augen ist; der HERR aber sieht das Herz an“** (1. Samuel 16,7).

Der Blick des HERRN durchdringt uns schärfer als jedes Röntgengerät. Er weiß, was in unserem Innersten ist. Was befindet sich in deinem und meinem Herz? Haben wir Jesus schon alle Sünde bekannt und von Ihm ausräumen lassen?

... und auf Seinem Haupt sind viele Kronen: Der Hohepriester im alten Israel trug eine Krone, ein Diadem auf seinem Haupt, auf welchem geschrieben stand: Heilig dem HERRN! Der Hohepriester war somit ausgesondert für den HERRN. Der Antichrist, das Tier aus dem Meer, trägt in teuflischer Nachäffung zehn Kronen. Diese zehn Kronen werden (wie ich im Band „Der Antichrist“ ausgeführt habe) wohl zehn Verwaltungsbezirke, zehn Teilreiche sein, in welche der Antichrist sein Reich einteilen wird. Der zentrale Bereich mit Rom als geistigem Zentrum wird sich auf dem Gebiet der bereits entstandenen Europäischen Union befinden.

Der Herr Jesus Christus aber trägt **viele** Kronen. Es wird hier keine Zahl genannt, sie wird aber absolut hoch sein, da Jesu Herrschaftsanspruch absolut ist: Jesus ist der Herr aller Herren und der König aller Könige! Jesus übertrifft alle Könige. In Daniel 2 und 7 wird das letzte Reich des HERRN beschrieben, das zunächst wie ein Stein vom Himmel heranrollt und das Standbild in Nebukadnezars Traum zermalmt. So werden alle Reiche dieser Welt in einem Moment zu Fall kommen. Dann wird der HERR Sein Tausendjähriges Reich aufrichten und nach der Schlacht mit Gog und Magog Seine ewige Herrschaft, indem Er dem Vater im Himmel am Ende der Zeit alle Herrschaft übergeben wird (1. Korinther 15,20–28).

Der heilige Name

... und Er trägt einen Namen geschrieben, den niemand kennt als nur Er Selbst: Dies soll uns zur Demut anregen! Wir sollen und können hier auf Erden nicht alle göttlichen Geheimnisse kennen und ergründen. Wir werden staunen, was der HERR uns in der Ewigkeit noch alles offenbaren wird. Allein Sein Name birgt für uns jetzt unergründliche Geheimnisse! Jesus ist (und wird) der Name über allen Namen (sein).

Im alten Bund wurde der Name Gottes mit dem Tetragramm JHWH angegeben. Dieser Name wird wahrscheinlich „Jahwe" ausgesprochen, von manchen (fälschlicherweise) auch „Jehovah". Die Juden hatten und haben allerdings eine solche Ehrfurcht vor dem Gottesnamen, dass sie ihn nicht aussprachen bzw. aussprechen. Auch Martin Luther hat für das Tetragramm in der Bibel „HERR" eingesetzt, - in Anlehnung an das hebräische Wort „adonai", welches die Juden als Lesart für das Tetragramm „JHWH" einsetzten. Dies zeugt von einer hohen und berechtigten Ehrfurcht vor Gott und Seinem Heiligen Namen. So trägt auch Jesus einen Namen, den niemand kennt, als nur Er Selbst. „Ich bin, der Ich bin" oder „Ich werde sein, der Ich sein werde" - mit diesem Namen hat sich Gott Mose am brennenden Dornbusch geoffenbart (2. Mose 3,14). Dieser erhabene Name drückt aus, dass Gott der allumfassende, alleinige Herrscher ist, der von Ewigkeit war und der in Ewigkeit sein wird.

Blutgetränktes Gewand und göttliches Wort

Und Er ist bekleidet mit einem Gewand, das in Blut getaucht ist: Für dieses Bild gibt es vor allem zwei Deutungen: Die erste Deutung bezieht sich auf die Schlacht von Harmagedon. Jesus ist auf dem weißen Ross der Sieger der Schlacht und Sein Gewand ist von deren Blut gefärbt. Die zweite, für mich näher liegende Deutung, ist, dass das Blut auf Jesu Gewand Sein eigenes Blut ist, welches Er für uns auf Golgatha vergossen hat und welches unsere Sünde von uns abwäscht.

Beide Deutungen sind hier möglich: Der HERR behält den Sieg und das Blut des Lammes reinigt uns! Vgl. auch Jes. 63,1-6!

... und Sein Name heißt „Das Wort Gottes". Dieser Name Jesu ist nun kein Geheimnis, sondern uns schon sehr lange bekannt. Gott schuf durch Sein Wort die Welt. Wir werden hier an das Johannesevangelium Kapitel 1 erinnert: **Im Anfang war das Wort, und das Wort war bei Gott, und Gott war das Wort ... Alle Dinge sind durch Dasselbe gemacht, und ohne Dasselbe ist nichts gemacht, was gemacht ist**.

Der Sohn Gottes ist auch der Schöpfungsmittler gemäß Sprüche 8: Dort ist im alten Bund schon die Weisheit personifiziert angedeutet, mit der Gott alles geschaffen hat. Bereits Gottes Schöpfung versetzt uns immer wieder in Staunen, so z.B. die wunderbaren Farben eines Herbstwaldes, der Aufbau einer Körperzelle oder die Struktur einer Schneeflocke.

Durch Jesus ist alles geworden, was geworden ist! Er ist auch das Wort, das uns erlöst, und das Wort, das am jüngsten Tag die Toten aus den Gräbern rufen wird. Jesus ist das Schöpferwort, welches alles neu schaffen wird: **„Siehe, Ich mache alles neu! ..."** (Offenbarung 21,5). Gott spricht nur ein Wort, und es geschieht. Er gebietet, und es steht da.

Das Geistesschwert

Und die Heere im Himmel folgten Ihm nach auf weißen Pferden, und sie waren bekleidet mit weißer und reiner Leinwand.

Dies sind die Engel, die nicht vom HERRN abgefallen sind. Sie gehören völlig zu Jesus Christus und reiten wie der Sieger siegreich auf weißen Pferden. Und auch die Gemeinde des HERRN, die Erlösten, wird Ihm nachfolgen in reinen Kleidern.

Und aus Seinem Mund geht ein scharfes Schwert hervor, damit Er die Heidenvölker mit ihm schlage, und Er wird sie mit eisernem Stab weiden; und Er tritt die Weinkelter des Grimmes und des Zornes Gottes, des Allmächtigen.

Gottes Wort erklärt sich mit Gottes Wort. So hat man sich unter dem Schwert, von welchem hier die Rede ist, wahrscheinlich kein richtiges Ritterschwert vorzustellen, sondern es handelt sich um das Wort Gottes. Dazu heißt es in Hebräer 4,12ff: **Denn das Wort Gottes ist lebendig und kräftig** (oder: **wirksam**) **und schärfer als jedes zweischneidige Schwert, und es dringt durch, bis es scheidet sowohl Seele als auch Geist, sowohl Mark als auch Bein, und es ist ein Richter der Gedanken und Gesinnungen des Herzens. Und kein Geschöpf ist vor ihm verborgen, sondern alles ist enthüllt und aufgedeckt vor den Augen dessen, dem wir Rechenschaft zu geben haben.**

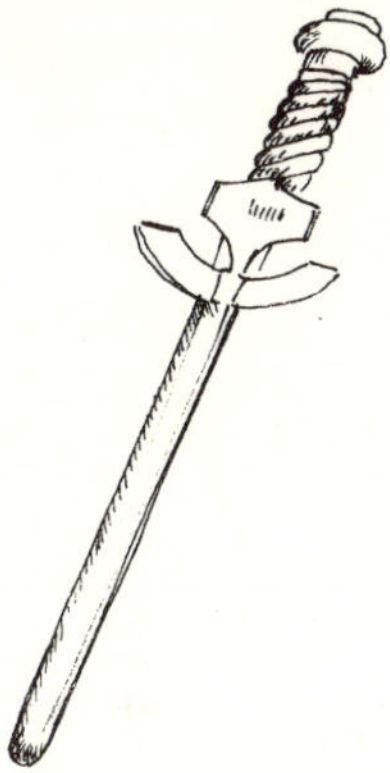

Hier klingt das Gericht an, das durch das Schwert des Geistes ausgeführt wird, nämlich durch das Wort Gottes, welches ein Richter der Gedanken und Gesinnungen des Herzens ist. Es scheidet zwischen Licht und Finsternis, zwischen Wahrheit und Lüge. Alles wird am Tag des HERRN offenbar werden. Der Tag des HERRN ist ein stehender Begriff, der sich nicht nur auf einen Tag bezieht, sondern auf die gesamten letztzeitlichen Ereignisse, welche stattfinden, bevor Gott Sein Reich endgültig aufrichtet (siehe die Auslegung zu Offb. 20,1–6).

Der eiserne Stab

... und Er wird sie mit eisernem Stab weiden: Jesus ist für die Erlösten der gute Hirte mit dem Hirtenstab. Wenn Er aber als Richter wiederkommt, wird Er die Welt mit einem eisernen Stab weiden, dem keiner widerstehen kann. Dieser eiserne Stab ist ein Richter- und ein Herrscherstab. Er symbolisiert Jesu unbedingte Weltherrschaft! Jesus wird Hirte der Seinen, Richter und Herrscher sein!

Ein Stab, der Stab des Mose und des Aaron, spielt schon bei den ägyptischen Plagen eine Rolle und bei der Teilung des Meeres. Die ägyptischen Zauberer äfften die Plagen zum Teil nach, kamen aber doch immer an ihre Grenzen. So verschlang z.B. der Stab des Aaron die Stäbe der Zauberer (2. Mose 7,11ff.) und schon bei der dritten Plage (Stechmücken, 2. Mose 8,12ff.) gaben sie klein bei. Wie viel größere Wunder wird der Herr Jesus tun, wenn Er in Seinem Tausendjährigen Reich regiert und dann in Ewigkeit mit dem Vater herrscht.

Die Weinkelter des Zornes Gottes

... und Er tritt die Weinkelter des Grimmes und des Zornes Gottes, des Allmächtigen: Jesus wird Richter über die Feinde Gottes sein, wie wir es schon in Offenbarung 14–20 in den Zornschalengerichten und im Gericht über die Hure Babylon erfuhren: Die Zeit des Gerichtes Gottes!

Und Er trägt an Seinem Gewand und an Seiner Hüfte den Namen geschrieben: „König der Könige und Herr der Herren"!

Es folgt nun noch einmal als eine Art Rückblick die Beschreibung der Schlacht von Harmagedon, welche ja unmittelbar im Zusammenhang mit dem Sieg Jesu steht:

Und ich sah einen Engel in der Sonne stehen; und er rief mit lauter Stimme und sprach zu allen Vögeln, die inmitten des Himmels fliegen: Kommt und versammelt euch zu dem Mahl des großen Gottes, um das Fleisch der Könige zu verzehren und das Fleisch der Heerführer und das Fleisch der Starken und das Fleisch der Pferde und derer, die darauf sitzen, und das Fleisch aller, der Freien und der Knechte, sowohl der Kleinen als auch der Großen!

Mir ist der letzte Satz aufgefallen. Dort werden genau wie in Offenbarung 13 die Freien und die Knechte, die Kleinen und die Großen genannt. Sie alle haben ohne Unterschied im Hinblick auf ihre soziale Stellung das Malzeichen des Tieres angenommen. Sie haben sich dem Antichristen übereignet und werden mit ihm untergehen. Dieser Untergang wird hier beschrieben und gilt allen Menschen, die sich diesem bösen System unterwerfen.

Die Erwähnung der Vögel inmitten des Himmels erinnert an das Wort Jesu aus Matthäus 24,28: **Wo das Aas ist, da sammeln sich die Geier**. Wenn die Menschen von Gott abfallen oder Ihn von vornherein ablehnen, wenn sie Jesus nicht als ihren einzigen Erlöser annehmen, werden sie diesen dämonisch inspirierten Geiern verfallen. Ihr Fleisch, ihr irdischer Leib wird verfaulen, aber ihre Seele, ihr neuer Geistleib wird in die ewige Verdammnis fahren müssen, wo auch das Tier aus dem Meer und das Tier aus der Erde, also der Antichrist und der falsche Prophet, sich befinden werden.

Rückblick auf Harmagedon

Im Hinblick darauf heißt es nun in unserem Bibeltext: **Und ich sah das Tier und die Könige der Erde und ihre Heere versammelt, um Krieg zu führen mit dem, der auf dem Pferd sitzt, und mit Seinem Heer**.

Dies ist noch einmal ein Rückblick auf die Schlacht von Harmagedon. Diese ist gar keine eigentliche Schlacht. Jesus kämpft nicht stundenlang oder gar tagelang, wie es bei irdischen Schlachten sonst üblich war. Der Sieg Jesu wird in einem Nu vollstreckt: **Und das Tier wurde ergriffen und mit diesem der falsche Prophet, der die Zeichen vor ihm tat, durch welche er die verführte, die das Malzeichen des Tieres annahmen, und die sein Bild anbeteten; die beiden wurden lebendig in den Feuersee geworfen, der mit Schwefel brennt.**

Beide, das Tier und der falsche Prophet, werden ergriffen, dingfest gemacht und kommen ohne vorherige Verwahrung in den Strafort, die ewige Verdammnis.

Wehe denjenigen, die das Malzeichen annahmen!

... die das Malzeichen des Tieres annahmen.

Wieder wird das Malzeichen des Tieres genannt, weil es so entscheidend wichtig ist, dass wir auf keinen Fall dieses Malzeichen annehmen! Daher sollten wir überhaupt kein Malzeichen an unserem Körper annehmen, egal in welcher Form, weder auf unsere Hand noch auf unsere Stirn, noch sonst wo auf unsere Haut. Die Tätowierungen und Piercings, die gerade in den letzten Jahren so in Mode kamen, sind Vorbereitungen, um die Menschen an die Annahme des antichristlichen Malzeichens zu gewöhnen. Auch gibt es immer mehr Autos, welche scheinbar unbekümmert die Zahl 666 in ihrem Kennzeichen führen. Die Häufung des Vorkommens dieser Zahl in unserem Alltag ist offensichtlich! Ich denke, dass viele Menschen sich sogar eine Art Spaß daraus machen, diese Zahl irgendwo zu tragen (manchmal auch auf Kleidern!) und gar nicht merken, wie sehr sie dadurch schon für den Antichristen vorprogrammiert werden.

Man findet diese antichristliche Zahl 666 zur Zeit leider auch auf Kassenrezepten in Deutschland. Einem Arzt, den ich danach fragte, war dies noch gar nicht aufgefallen. Des Weiteren muss man, um im Internet zu kommunizieren, immer den Code „www“ eingeben. Der hebräische Buchstabe „Waw“ (unser „W“) entspricht dem Zahlenwert 6. Also muss gewissermaßen dreimal die Sechs eingegeben werden. Dies alles muss noch nicht unbedingt das Malzeichen des Tieres sein, aber meines Erachtens dient es alles zur Gewöhnung an diese unheimliche und antichristliche Zahlenfolge. Warum nimmt man nicht einen Code entsprechend der 777 ?!

Es ist auffallend, dass diese dreimal gesteigerte Zahl des Menschen, die Sechs, inzwischen überdurchschnittlich häufig vorkommt. Lassen wir uns warnen, das Malzeichen des Tieres anzunehmen! Ich will damit nicht sagen, dass wir nun beim Arzt keine Rezepte mehr annehmen oder überhaupt nicht mehr ins Internet gehen sollen (dieses birgt für das geistliche Leben allerdings große Gefahren), aber wir müssen sehr wachsam sein! Die Menschheit soll an die Zahl des Tieres gewöhnt werden, damit sie dann, wenn es wirklich ernst wird und es sich tatsächlich um die Annahme des Malzeichens des Tieres handelt, arglos in diese Falle hineinschlittert. Hinter dieser beschriebenen Entwicklung steckt sicherlich eine antichristliche Strategie!

Wehe denen, die das Bild des Tieres anbeten!

... und die sein Bild anbeteten.

Der Bilderkult ist heute weit verbreitet. Man hört heute leider auch in christlichen Gemeinden kaum noch auf das gelesene Wort Gottes, sondern gewöhnt sich immer mehr an bildhafte Darbietungen: Anspiele, Filme, Pantomime usw. Ein Bruder hat einmal ein Buch mit dem Titel geschrieben: „Wenn das Bild das Wort erschlägt!“ Man kann sicherlich auch einmal einen guten Film zeigen, keine Frage, aber, wenn wir nicht mehr in der Lage sind, auf das Wort Gottes zu hören, und wenn alles visualisiert (für sie Augen sichtbar gemacht) werden muss, dann gewöhnen wir uns an einen Bilderkult. Bilder setzen sich außerdem viel stärker fest als Worte. So bekommt man belastende, unsaubere und okkulte Bilder aus Film und Fernsehen sehr schwer wieder aus dem Gedächtnis. Am besten sieht man sich diese Bilder gar nicht erst an und hält von Medien wie Kino, Fernsehen und Internet (falls man es nicht beruflich braucht) möglichst Abstand (für das Internet gibt es gut wirksame Filterprogramme, die man gegebenenfalls in Anspruch nehmen sollte). Haben wir uns durch sündige Bilder beschmutzt, müssen wir den HERRN um Reinigung bitten, welche Er uns durch Sein Blut gewähren kann.

Wir müssen besonders wachsam sein, damit wir es erkennen, wenn das Bild des Tieres erscheint. Dies kann z.B. durch das Fernsehen, per Satellit geschehen - man kann ja heute Ereignisse gleichzeitig in der ganzen Welt verfolgen, so auch dann das Bild des Tieres. Technisch ist diese globale teuflische Anbetung heute kein Problem mehr!

Viele Menschen beten heutzutage leider ihren neuen Hausaltar an: Das „Glotzophon", den Fernseher! Lassen wir uns nicht in dieses hypnotisierende Gerät hineinziehen! Der Fernseher besitzt ja nahezu eine magische Wirkung. Wenn man in ein Zimmer geht und dort steht diese flimmernde Scheibe, lenkt sie das Auge automatisch auf sich. Manche Menschen sitzen vor ihrem Fernseher wie in Trance und man bekommt besonders Kinder fast nicht mehr davon weg. Wir müssen hier sehr wachsam sein, damit wir nicht eines Tages plötzlich das Tier anbeten, wenn es auf der Mattscheibe erscheint.

Lebendig in den Feuersee

Was geschieht nun mit diesen Verführern, dem Antichrist und dem falschen Propheten, also dem politischen Führer und dem religiösen Verführer, nachdem sie die von Gott abgefallene Kirche, die Hure Babylon, abgeworfen hatten? **... die**

beiden wurden lebendig in den Feuersee geworfen, der mit Schwefel brennt.

Hier wird sehr ernst der Ort der ewigen Qual und Verdammnis geschildert. Das Wort „lebendig" zeigt, dass es auch nach dem Tode für die Verdammten keine Auslöschung des Bewusstseins gibt, wie es z.B. Zeugen Jehovas oder Adventisten lehren (diese behaupten, dass der nicht erlöste Mensch nach dem Tode einfach ausgelöscht wird, die Seele also nicht weiterlebt). Die furchtbare Strafe, die der Antichrist und der falsche Prophet erleiden, trifft auch die Menschen, die ihnen nachfolgten - und natürlich - **nach** dem Tausendjährigen Reich - auch den Teufel.

Weiter heißt es über den Ausgang der Schlacht von Harmagedon: **Und die Übrigen wurden getötet mit dem Schwert dessen, der auf dem Pferd sitzt, das aus Seinem Mund hervorgeht, und alle Vögel sättigten sich von ihrem Fleisch**. „Ein Wörtlein (von Jesus) kann ihn (den Feind Christi) fällen!". Das Wort des Herrn Jesus hat Seine Feinde und deren Nachfolger in einem Moment gefällt.

Übergang zum Tausendjährigen Reich

Die Frage stellt sich im Hinblick auf das Tausendjährige Reich: Existieren noch Völker, wenn dieses Reich beginnt? Ich sehe diese Frage mit einem Ja beantwortet und schließe daraus, dass nicht alle Menschen hinweggerückt oder getötet wurden, sondern dass es noch Überlebende dieser Zeit von Harmagedon geben wird, nachdem die Erde durch die Zornschalengerichte (zentnerschwere Hagelkörner usw.) betroffen ist.

Der Teufel wird gebunden werden und das Friedensreich Jesu wird anbrechen. Ich nehme die Bibel darin wörtlich. Es gibt natürlich teilweise Symbole, wie z.B. die Kette, mit der der Teufel gebunden wird. Aber **dass** es ein Friedensreich Jesu auf dieser Erde nach der Schlacht von Harmagedon geben wird, das verstehe ich wörtlich. Es entspricht auch der Reihenfolge der Geschehnisse in der Offenbarung. Wenn wir die Bibel nicht gewaltsam umdeuten, dürfen und sollen wir diese Schilderungen ernst und wörtlich nehmen. Die Reformatoren haben uns gelehrt, dass wir die Bibel zunächst nach ihrem Wortsinn verstehen sollen. Wir dürfen zur allegorischen und zur symbolischen Deutung nur übergehen, wenn der Wortsinn widersinnig, unhaltbar und nicht schriftgemäß ist. Wenn der Wortsinn aber einen guten Sinn ergibt, sollen und dürfen wir nichts um- oder hineininterpretieren, was gar nicht dasteht. Viele Menschen, auch Christen, können mit dem Begriff des Tausendjährigen Reiches nichts anfangen, weil es angeblich nicht in ihr System ihrer Bibelauslegung passt. Aber lassen wir uns warnen von den Worten aus Offenbarung 22,18–19: Diese ermahnen uns ernstlich, unter Androhung schlimmster Strafe, nichts von dem Buch dieser Weissagung hinwegzunehmen oder hinzuzufügen. Amen.

Wir beten: *Lieber Herr Jesus Christus, wir danken Dir, dass Du der Sieger bist. Wir wollen voller Freude ausrufen: Halleluja, Dein ist der Sieg! Auch wenn wir heute noch durch die Finsternisse hindurch müssen, vielleicht nur ein Stück, dann schenke uns Gnade und Kraft, dass wir nicht den Verführungen dieser Zeit verfallen. Bewahre uns und alle Geschwister weltweit, dass wir nicht verführt werden und hilf denen wieder zurecht, die schon verführt sind. Hilf auch denen heraus, die bei einer falschen Ökumene mitmachen, die von der Welt und dem Zeitgeist durchdrungen ist, dass sie wieder vom breiten auf den schmalen Weg Dir nach finden. Lass uns bitte nicht von Dir abfallen, sondern Dir die Treue halten, bis wir Dich sehen. In Deinem Namen, Herr Jesus. Amen.*

Das Tausendjährige Reich – Illusion oder Wirklichkeit?

Offenbarung 20,1–6

Wir lesen aus dem Buch der Offenbarung an Johannes aus dem Kapitel 20 die Verse 1-6 (Schlachter 2000):

Und ich sah einen Engel aus dem Himmel herabsteigen, der hatte den Schlüssel des Abgrundes und eine große Kette in seiner Hand. Und er ergriff den Drachen, die alte Schlange, die der Teufel und der Satan ist, und band ihn für 1.000 Jahre und warf ihn in den Abgrund und schloss ihn ein und versiegelte über ihm, damit er die Völker nicht mehr verführen kann, bis die 1.000 Jahre vollendet sind. Und nach diesem muss er für kurze Zeit losgelassen werden. Und ich sah Throne, und sie setzten sich darauf, und das Gericht wurde ihnen übergeben; und ich sah die Seelen derer, die enthauptet worden waren um des Zeugnisses Jesu und um des Wortes Gottes willen, und die das Tier nicht angebetet hatten noch sein Bild, und das Malzeichen weder auf ihre Stirn noch auf ihre Hand angenommen hatten; und sie wurden lebendig und regierten mit Christus 1.000 Jahre. Die übrigen der Toten aber wurden nicht wieder lebendig, bis die 1.000 Jahre vollendet waren. Dies ist die erste Auferstehung. Glückselig und heilig ist, wer Anteil hat an der ersten Auferstehung! Über diese hat der zweite Tod keine Macht, sondern sie werden Priester Gottes und des Christus sein und mit Ihm regieren 1.000 Jahre.

Die umstrittene Hoffnung

Das Tausendjährige Reich! Das Millennium (aus dem Lateinischen: mille anni = tausend Jahre) der Gottesherrschaft auf Erden! In den einen weckt dieser Begriff Gefühle glühender Hoffnung und Vorfreude in der Erwartung, dass Christus den Weg mit Seiner Gemeinde vollenden und mit ihr zunächst auf der Erde herrschen und dann nach dem Kampf mit Gog und Magog in der himmlischen Herrlichkeit ewig leben wird.

Andere, die durchaus auch Christen sind (das Tausendjährige Reich ist keine heilsnotwendige Glaubenssache!), halten diese geschilderte Hoffnung für eine Illusion, für ein Trugbild, für eine Schwärmerei, mit der sie nichts anzufangen wissen. So hat ein früherer Kollege an einer theologischen Akademie zu mir gesagt, dass die Hoffnung auf ein tausendjähriges irdisches Friedensreich überflüssig sei und er ohne diese „Übergangszeit“ den neuen Himmel und die neue Erde erwarte.

Des Weiteren wurde der Begriff von einer dritten Gruppe tragisch missbraucht. Ich erinnere an verschiedene Diktaturen, die diesen Begriff des Tausendjährigen Reiches mit ihren eigenen Ansichten füllten. Das uns wohl bekannteste Beispiel dafür ist Adolf Hitler. Auch wurde diese millennialistische Hoffnung von christlicher Seite her schon verlacht und bekämpft.

So ergibt sich für uns die Frage, was über dieses Millennium Christi wirklich in der Bibel steht. Ich möchte mich dieser Frage mit des Herrn Hilfe hier wenigstens annähern. Auch möchte ich keinem den Glauben absprechen, der zu dieser Frage eine andere Erkenntnis hat als ich. Aber ich möchte doch versuchen, meine Sicht biblisch zu begründen. Diese ist, dass ich eine tatsächliche tausendjährige irdische Herrschaft Jesu Christi auf unserer Erde erwarte, bevor das endgültige Gericht eintritt und die endgültige Neuerschaffung von Himmel und Erde erfolgt.

Wörtliche oder symbolische Deutung?

Grundlegend vertrete ich folgende theologische Auslegungsregel: Wenn es der Zusammenhang nicht zwingend erfordert, ist die Bibel wörtlich und nicht symbolisch zu verstehen. Das heißt, dass der Wortsinn der Bibel nicht einfach als geistliches Bild ausgelegt werden darf, sondern zunächst einmal wörtlich verstanden werden soll und darf.

Die wörtliche Deutung gilt für die grundlegenden biblischen Heilsepochen, die als solche in ihrer Ganzheit nicht einfach „wegspiritualisiert" (vergeistlicht) werden dürfen. Dagegen sind manche Details innerhalb dieser Epochen (z.B. innerhalb des Tausendjährigen Reiches) in der prophetischen Sprache durchaus Symbole. So wird zum Beispiel der Teufel gemäß Offb 20 während des Millenniums mit einer „Kette" gebunden sein. Diese ist gewiss keine irdische Kette, aber die Symbolik will sagen, dass der Teufel in dieser Zeit wirklich gebunden und gefangen ist und die Menschen während dieser 1.000 Jahre nicht zur Sünde verführen kann. Die in Offb 20 angegebene Zeitspanne von 1.000 Jahren wiederum halte ich für eine tatsächlich eintretende irdische Zeitperiode, die noch in der Zukunft liegt (wobei die 1.000 Jahre selber wiederum buchstäblich als wirkliche 1.000 Jahre oder aber symbolisch als lange, vollkommene Heils-Epoche im Sinne von 10 mal 10 mal 10 gedeutet werden können; die genaue Dauer muss man offen lassen; siehe unten). Damit folge ich der so genannten prämillennialistischen Sicht.

Über das „Wann?" und „Wie?" des Tausendjährigen Reiches gibt es verschiedene Ansichten. Kommt es überhaupt? War es schon? Leben wir etwa darin? Kommt es noch? Entfaltet es sich wachstümlich? Kommt der Herr Jesus vor oder nach dem Tausendjährigen Reich wieder? Zu diesen Fragen gibt es die unterschiedlichsten Antworten. In meinem Buch: „Was kommen wird" habe ich über diese Fragen ausführlich geschrieben. Ich möchte hier nur in Kürze einen Überblick über die drei wichtigsten Positionen zum Tausendjährigen Reich geben. Es sind: 1. der Prämillennialismus; 2. der Amillennialismus; 3. der Postmillennialismus.

Der Prämillennialismus

„Prae" ist Lateinisch und bedeutet „vor". Der Begriff „Prämillennialismus" besagt, dass Jesus Christus vor dem Tausendjährigen Reich (Millennium) wiederkommt, um dieses zusammen mit der Gemeinde der Erlösten und der Überwinder auf Erden aufzurichten. Jesu Wiederkunft wird Seine leibliche Wiederkunft hier auf Erden sein. Das Tausendjährige Friedensreich wird ein irdisches Reich sein, in welchem Christus regiert, während der Teufel gebunden ist. Der Übergang vom Gemeindezeitalter zum Millennium ist von Diskontinuität (Unterbrechung) gekennzeichnet. Zu dieser Diskontinuität gehören die Zeichen der Endzeit, Gerichte, das Auftreten des Antichristen, die „große Trübsal" und die Schlacht von Harmagedon. (Diese Themen finden sich an anderer Stelle ausführlich behandelt.) Diese genannten Begriffe, Personen und Ereignisse kann ich nicht anders als wörtlich verstehen, wenn ich die Bibel nicht umdeuten will. Es handelt sich hierbei also um tatsächlich eintretende zukünftige Zeitabschnitte und Begebenheiten.

Nach dem Tausendjährigen Reich tritt, nach Ansicht des Prämillennialismus (den auch ich befürworte), noch einmal Diskontinuität, ein Bruch, ein. Der Teufel wird noch einmal losgelassen, um die Völker zu verführen. Es ereignet sich der Aufstand von Gog und Magog (siehe die Parallele in Hesekiel 37 und 38). Schließlich wird der Teufel gerichtet, und es folgt das Weltgericht vor dem großen weißen Thron Gottes, nach welchem die Verlorenen in die ewige Verdammnis gelangen. Die Geretteten aber, welche im Tausendjährigen Reich mit dem Herrn geherrscht oder sich dort bekehrt haben, gehen in die ewige Seligkeit, ins himmlische Jerusalem ein (Offb 20,7ff.).

(Innerhalb der Lehre des Prämillennialismus gibt es verschiedene Variationen, wie z.B. den historischen Prämillennialismus oder den Dispensationalismus, welche sich in der Lehre zum Teil erheblich unterscheiden. Der interessierte Leser sei diesbezüglich auf die ausführlichere Darstellung in meinem Buch „Was kommen wird" hingewiesen.)

Der Amillennialismus

„A" heißt soviel wie „kein" (griechische Verneinungssilbe). Der Amillennialismus vertritt die Ansicht, dass es **kein** zukünftiges sichtbares Tausendjähriges Reich geben wird. Aussagen der Heiligen Schrift, die sich auf das 1000jährige Reich beziehen, werden symbolisch gedeutet und auf die Zeit der Kirchengeschichte bezogen. Der amillennialistischen Ansicht nach wachsen in der Kirchengeschichte Gutes und Böses miteinander auf. Ein sichtbares „reines" Tausendjähriges Reich gibt es somit weder zukünftig noch gegenwärtig. Das Tausendjährige Reich bestehe höchstens geistlich gesehen in den Herzen und Versammlungen der Gläubigen oder in den Seelen der im Himmel befindlichen vollendeten Gerechten. Man spricht bei dieser Lehre von einer „Vergeistlichung" oder „Verinnerlichung" biblisch-prophetischer Aussagen. Diese Sicht ist nicht zu vernachlässigen, denn sie prägt sämtliche Großkirchen und auch einzelne Freikirchen. Die große Masse der Christenheit folgt also der Lehre des Amillennialismus. So vertritt der Amillennialismus auch die so genannte „Substitutionslehre". „Substitution" bedeutet „Ersatz": Das irdische Israel werde durch die eigene Kirche oder Gemeinde ersetzt. Die Kirche Christi sei somit das geistliche Israel. Die Bibel lehrt aber, dass am Ende der Zeiten (wenn die Fülle aus den Nationen zum Heil eingegangen ist) im Fortschreiten der Heilsgeschichte Israel wieder eine Bedeutung erlangen wird (Römer 11 u.a.).

Der Postmillennialismus

„Post" (lateinisch) bedeutet „nach". Christus kommt gemäß dieser Lehre **nach** dem Tausendjährigen Reich wieder. Dies bedeutet, dass die Menschheit durch eigene Anstrengungen, wie z.B. durch Missionsarbeit und durch soziales Engagement, das Reich Christi auf Erden aufbaut und es Christus, welcher am Höhepunkt dieses Reiches wiederkommt, bei

Seiner Wiederkunft gleichermaßen übergibt. Dies ist eine sehr optimistische Sicht, welche insbesondere durch die beiden Weltkriege einen schweren Einbruch erfahren hat.

Ein Blick in die Kirchengeschichte

Allgemein ist zu sagen, dass in den ersten zwei Jahrhunderten nach Christus der Prämillennialismus vorherrschte. In der Urgemeinde war ein Amillennialismus noch gar nicht bekannt. Verschiedene „Kirchenväter" der ersten Jahrhunderte haben den Prämillennialismus vertreten: Aristion, Johannes Presbyterus, Clemens von Rom, Hermas, Ignatius von Antiochien, Polykarp von Smyrna, Papias u. a. Sie alle erwarteten ein tatsächliches irdisches Tausendjähriges Friedensreich Christi in der Zukunft.

Der Amillennialismus, also die Bestreitung eines solchen zukünftigen irdischen Reiches, wurde durch Origines (2. und 3. Jahrhundert nach Christus) begründet und schließlich ausführlich von Augustin im 4. Jahrhundert gelehrt. Origines und Clemens von Alexandrien haben in ihrer Exegetenschule (Exegese = Bibelauslegung) die so genannte „allegorische" oder „symbolische" Bibelauslegung zur Blüte gebracht. Sie haben dabei Bibelstellen, die vorher allgemein wörtlich verstanden wurden, geistlich umgedeutet, eben als Symbol verstanden. So haben sie schließlich auch das Tausendjährige Reich nicht mehr als zukünftige irdische Heilsrealität erwartet.

Dann trat der berühmteste und größte Kirchenlehrer der katholischen Kirche, Augustinus, auf, von welchem auch Luther als Augustinermönch noch beeinflusst war, so dass durch Luther der Amillennialismus in die evangelische Kirche Einzug hielt. Augustinus (354–430 nach Christus) hat in seinem Hauptwerk „De civitate dei" („Vom Gottesstaat") jede Art des „Chiliasmus" (griech.: chilia = tausend, eta = Jahre; entsprechend dem Prämillennialismus) abgelehnt. Er war der Ansicht, dass mit der Ausbreitung des katholischen Glaubens das Tausendjährige Reich nun in der Kirchengeschichte vorhanden sei. Gutes und Böses würden nun bis zur Wiederkunft Christi am Jüngsten Tag ausreifen. Die Ausbreitung des Evangeliums und die Gründung der Staatskirche entsprächen somit diesem Friedensreich. Ereignisse des Heilsplans Gottes wie die Schlacht von Harmagedon und das Auftreten des Antichristen wurden nun von vielen nicht mehr in der Zukunft erwartet. Es gab allerdings auch diesbezüglich Variationen. So hat Luther z.B. sehr wohl den Antichristen erwartet, obwohl er selbst kein Chiliast war. Luther war allerdings der Meinung, dass direkt nach dem Gericht über den Antichristen der neue Himmel und die neue Erde erschaffen würden - ohne ein zusätzlich noch entstehendes Tausendjähriges Reich.

Der Postmillennialismus (also die optimistische Sicht, das Friedensreich selbst zu schaffen) ist relativ jung. Sie wurde vor allem durch Theologen des 17. und 18. Jahrhundert begründet, so z.B. von Daniel Whitby (1638-1726), Jonathan Edwards (1703-1758) und anderen. Der Postmillennialismus war in der Moderne eigentlich nicht mehr sehr einflussreich; er ist aber wieder im Kommen. So gibt es heute z.B. die „theonomistische Reichserwartung". Diese drängt auf ein aktives Aufbauen des Reiches Gottes durch das Evangelium, damit Jesus „wiederkommen kann". Diese Sicht vertreten - in liberaler Färbung - auch der Ökumenische Rat der Kirchen und die säkularisierten (verweltlichten) so genannten „Reichgottestheologien", z.B. von Jürgen Moltmann. Diese rufen auf, durch eigene Aktivität dem Herrn „entgegen zu arbeiten" und Ihm eine erneuerte und positiv gestaltete Welt gleichermaßen als Geschenk darzubringen. Liberale Theologen erwarten allerdings im Allgemeinen keine leibliche Wiederkunft Jesu Christi, sondern fordern dazu auf, selbst dieses Friedensreich auf Erden zu errichten. So hat z.B. in seinem programmatischen Buch „Die Zeit drängt" zum so genannten „Konziliaren Prozess für Gerechtigkeit, Frieden und Bewahrung der Schöpfung" der Physiker und Philosoph Carl-Friedrich von Weizsäcker sinngemäß geschrieben, dass wir nun 2.000 Jahre vergeblich auf die Wiederkunft Christi gewartet hätten und wir den Bau der gerechten und friedvollen Welt nun selbst anpacken müssten. Damit aber hat er die Erwartung der wirklichen Wiederkunft Jesu Christi völlig zur Seite geschoben. In Wahrheit aber ist die „Zeitverzögerung" der Wiederkunft Jesu reine Gnade zur Umkehr (vgl. 2. Petr. 3).

Der Tag des HERRN – was bedeutet dies?

Nun aber wollen wir uns dem zuwenden, was die Bibel selbst in Bezug auf ein Tausendjähriges Reich zu sagen hat. Wird es ein Tausendjähriges irdisches Friedensreich geben, bevor der neue Himmel und die neue Erde erschaffen werden? Ist die Erwartung eines solchen Reiches eine überflüssige gedankliche Konstruktion oder eine klare biblische Lehre? Diese Frage beschäftigt viele Christen. So gibt es auch immer wieder verschiedene Argumente gegen die Erwartung eines tatsächlichen 1000jährigen irdischen Friedensreiches.

Zum Beispiel wird als Gegenargument vorgebracht, dass die Bibel vom „Jüngsten Tag" rede, welcher der letzte zeitliche Tag vor der Ewigkeit sei. Da es nur **eine** Auferstehung gebe und diese an eben diesem Jüngsten Tag erfolge, könne es kein zeitliches irdisches Reich nach dieser Auferstehung geben.

Nun haben wir aber in unserem Bibelabschnitt (Offb. 20,1-6) gelesen, dass es eine **erste** Auferstehung gibt, welche **vor** Beginn des 1000jährigen irdischen Friedensreiches erfolgt. Hierbei handelt es sich um die Auferstehung der an Jesus Christus Glaubenden, insbesondere der Märtyrer aus der Trübsalszeit. Die andere (die **zweite**) Auferstehung erfolgt **nach** dem Tausendjährigen Reich. Es ist die Auferstehung der Ungläubigen zum Jüngsten Gericht vor dem Richterthron Gottes, bei welchem dann über die Verdammnis entschieden wird.

Die Fragen lauten also: Gibt es wirklich zwei Auferstehungen? Ist der Jüngste Tag nur *ein* Zeitpunkt (z.B. exakt nur **ein** Tag) - oder aber bezeichnet er einen Zeitabschnitt mit verschiedenen Ereignissen? Diese Fragen sind ganz entscheidend.

Es wird argumentiert, dass in Johannes 6,39f.und anderen Stellen von der „Auferstehung am letzten Tag" die Rede sei. Dies sei so zu verstehen, dass es eben nur diese eine hier geschilderte Auferstehung gibt: ... **und Ich** (Jesus) **werde ihn auferwecken am Jüngsten Tag**. Man könne also hier den Jüngsten Tag als tatsächlich nur einen einzigen Tag auffassen. Man bringt den Tag des HERRN auch in Verbindung mit dem „letzten Tag", dem „Jüngsten Tag", dem „Tag des Gerichts", dem „Tag der Auferstehung".

Nun gibt es aber hierzu verschiedene Auffassungen. Ich schließe mich der Auslegung des Bibelschullehrers Winfried Meißner in seinem Kommentar zu den Büchern der Propheten Joel und Obadja an, welcher sich intensiv mit dem „Tag des HERRN" beschäftigt. Winfried Meißner schreibt auf Seite 58 seines Kommentars (Bücher Joel und Obadja, Holzgerlingen 2000):

„Der hebr(äische) Begriff **jom** (´Tag`) bezeichnet in der Verbindung mit dem Gottesnamen ein Ereignis unbestimmter Dauer, das ganz von dem Handeln Jahwes, des Bundesgottes Israels, bestimmt ist."

Das heißt mit anderen Worten, dass der Tag des HERRN die Zeit aller Endereignisse umfasst. Mit dem Tag des HERRN ist somit nicht nur ein 24-Stunden-Tag gemeint, sondern eine ganze Palette von Ereignissen, zu welchen z.B. die Schlacht von Harmagedon und die Errichtung des 1000jährigen Reiches gehören, bis hin zum Jüngsten Gericht. Somit ist der Tag des HERRN ein stehender Begriff für die gesamte Endzeitperspektive. Dies belegt Meißner weiter durch viele Bibelstellen. So schreibt er auf Seite 71:

„Der Überblick über das alttestamentliche Zeugnis vom Tag Jahwes macht deutlich, dass dieser seit seiner frühesten Bezeugung durch Obadja ein mehrschichtiger Begriff war. Je nach Zusammenhang bezeichnet er historische Ereignisse göttlichen Eingreifens oder den großen Tag Jahwes am Ende der Zeit."

So kann der Tag des HERRN also ein vielschichtiger Begriff sein - und nicht unbedingt auf einen 24-Stunden-Tag in unserem Sinne beschränkt. Ein 24-Stunden-Tag wird in der Bibel ausführlicher gekennzeichnet und eingegrenzt. So lesen wir vor allem im Schöpfungsbericht (1. Mose 1) eine ausdrückliche Kennzeichnung der Schöpfungstage: **Und es wurde Abend und es wurde Morgen, der erste Tag** ...

Hier ist ganz klar und unmissverständlich ein 24-Stunden-Tag gemeint. Auch wenn die Sonne erst am vierten Tag erschaffen wurde, so erschuf Gott am ersten Tag das Licht. Auch dieser erste Tag war also schon ein 24-Stunden-Tag („Abend und Morgen"), da ja Gott selbst Licht ist (1. Joh. 1) und diesen Rhythmus von Anfang an in Seine Schöpfung gelegt hat (vgl. 2. Mose 20,11). Dies übersehen Evolutionisten immer wieder!

Der Tag des HERRN umschließt die gesamte letzte Endzeit-Phase

Der prophetische Begriff „Tag des HERRN" allerdings umschließt die gesamte letzte Endzeitphase. Zu dieser Phase gehört die Schlacht von Harmagedon, die Errichtung des Friedensreiches, bis hin zum neuen Himmel und der neuen Erde. In diese Phase fallen auch verschiedene Gerichte: Das Preisgericht der an Jesus Gläubigen nach 1. Korinther 3 **vor** dem 1000jährigen Reich, in welchem die Erlösten beurteilt, aber nicht mehr verdammt werden - und das Jüngste Gericht für die Ungläubigen, die Unerlösten, **nach** dem 1000jährigen Friedensreich und dem Aufstand von Gog und Magog. Diese Gerichte muss man klar auseinander halten. Winfried Meißner schreibt weiter (Seite 71f.):

„Der Tag Jahwes ist ein endgeschichtliches Ereignis, wenn er folgende Kennzeichen hat: Seine Begleiterscheinungen werden als für alle Zeiten unvergleichlich und unüberbietbar dargestellt (Joel 2,2), er bringt das Gericht Gottes über alle Völker (Joel 4,1-3.12-14; Obd. 15; Sach. 14,1-3; Mal. 3,19), er ist mit dem Erscheinen Gottes bzw. des Messias verbunden (Joel 4,11; Sach. 12,10; 14,5; Mal. 3,2.24), er hat kosmische Begleiterscheinungen (Jes. 2,12-22; Joel 4,16; Sach. 14,4-7), er bringt die Geschichte der Weltvölker zum Abschluss, indem er die Herrschaft Gottes bzw. des Messias auf Erden errichtet (Jes. 2,9-22; 11,10; Obd. 21; Sach. 14,9) und Himmel und Erde erneuert (Joel 4,17-21; Jes. 65,17; 66,22)." (Diese Erneuerung vollzieht sich auch nach der Sicht Meißners in verschiedenen Zeitstufen. Anm. Gassmann).

Unter der Überschrift: „Das Zeugnis des AT (Alten Testaments) vom endgeschichtlichen Tag Jahwes" schreibt Meißner (Seite 72f.):

„Irdische und himmlische Vorzeichen des Tages Jahwes werfen ihren Schatten auf den endgültigen Tag Jahwes (Joel 3,3f.) und kündigen ihn als den Tag an, an dem Gott bzw. der Messias mit seinen Engeln erscheinen wird (Joel 4,11; Sach. 12,10; 14,5; Mal. 3,2.24). Alles wird erniedrigt werden, sodass Gott allein erhaben ist (Jes. 2,9-12). Er wird die Völker richten (Hes. 30,3; Joel 4,2; Obd. 15), die gegen Jerusalem versammelten Heere vernichten (Joel 4,2.9-14.16; Sach. 12,2ff.9; 14,3.12ff.) und in Israel die Abtrünnigen von den Gottesfürchtigen scheiden (Mal. 3,19-21.24). Wer dann den Namen Jahwes anruft und auf den durchbohrten Messias blickt, dem verheißt Gott Rettung auf dem Berg Zion (Joel 3,5; Obd. 21; Sach. 14,9). Von hier aus wird Jahwe inmitten Israels wohnen und als König über die Erde herrschen. Er wird die Segensverheißungen des alten Bundes erfüllen (Am. 9,11-15; Joel 4,18) und sie zugleich mit der Ausgießung seines Geistes (Joel 3,1f; Sach. 12,10) und der Erneuerung der Schöpfung durch einen Segensstrom aus dem Tempel (Hes. 47,1-12; Joel 4,18; Sach. 14,8) überbieten."

Unter der Überschrift „ Der Tag Jahwes im NT (Neuen Testament)" fährt Winfried Meißner fort (Seite 73):

„Vom ´Tag des Herrn` ist im NT (Neuen Testament) fünfmal die Rede (Apg. 2,20; 1Kor. 5,5; 1. Thess. 2,2; 2. Petr. 3,10), daneben auch vom ´Tag Gottes` (2. Petr. 3,12; Offb. 16,14), vom ´Tag des Zorns` (Röm. 2,5; Offb. 6,17) und vom ´Tag des Gerichts` (Mt. 10,15; 11,22.24; 12,36; Röm. 2,16; 2. Petr. 2,9; 3,7; 1. Joh. 4,17). Alle diese Belegstellen behandeln den Tag des Herrn im Rahmen des vom AT (Alten Testament) her Bekannten."

Es handelt sich also bei dem in der biblischen Prophetie begegnenden „Tag des HERRN" nicht um einen 24-Stunden-Tag, sondern - wie gesagt - um eine ganze Palette von Endzeitereignissen. So nennt Jesus auch „den Tag, an dem Er die Toten auferwecken und richten wird (Joh. 5,27; 6,39f.44.54; 12,48) den ´Tag des Menschensohnes` (Lk. 17,24.30). Sein Kommen wird unübersehbar sein (Lk. 17,20-24) ... Die ´Ankunft` Jesu Christi ist der Gegenstand der Verheißung (2. Petr. 1,16; 3,4) und das Ziel geduldigen Ausharrens der Christen (Jak. 5,7f.). Sie wird sichtbar vor aller Welt (Mt. 24,27.37-39) und zusammen mit allen seinen Heiligen geschehen (1. Thess. 3,13). Sie wird für den Antichrist Vernichtung bedeuten (2. Thess. 2,8; 1. Kor. 3,13), für die Gemeinde Jesu Zeitpunkt der letzten Scheidung (1. Joh. 2,28), der Auferweckung der bis dahin entschlafenen (1. Kor. 15,23) und der Entrückung und Vollendung der auferweckten und verwandelten Gläubigen (1. Thess. 2,19; 4,15; 5,23)" (Meißner, Seite 73).

So ist also der Begriff „Tag" nicht immer wörtlich zu nehmen, sondern er kann auch - wie aufgezeigt - einen Zeitraum bezeichnen. In 1. Mose 1, wie gesagt, ist mit „Tag" tatsächlich ein 24-Stunden-Tag gemeint, an anderen Stellen, besonders in der Endzeitprophetie ist ein Zeitraum prophetischer Erfüllungsereignisse darunter zu verstehen.

Tausend Jahre sind wie ein Tag

Hierzu möchte ich einen weiteren biblischen Beleg anführen: 2. Petrus 3,7–11. Es geht in diesem Bibelabschnitt um den Tag des Gerichts und den Grund, warum der HERR verzieht und noch nicht so bald wiederkommt:

Die jetzigen Himmel aber und die Erde werden durch dasselbe Wort aufgespart und für das Feuer bewahrt bis zum Tag des Gerichts und des Verderbens der gottlosen Menschen. Dieses Eine aber sollt ihr nicht übersehen, Geliebte, dass ein Tag bei dem Herrn ist wie tausend Jahre und tausend Jahre wie ein Tag. Der Herr zögert nicht die Verheißung hinaus, wie etliche es für ein Hinauszögern halten, sondern Er ist langmütig gegen uns, weil Er nicht will, dass jemand verloren gehe, sondern dass jedermann Raum zur Buße habe. Es wird aber der Tag des Herrn kommen wie ein Dieb in der Nacht, dann werden die Himmel mit Krachen vergehen, die Elemente aber durch Hitze sich auflösen und die Erde und die Werke darauf verbrennen.

Dies ist schon der Ausblick auf das Endereignis, wenn Gott einen neuen Himmel und eine neue Erde schafft. In Offenbarung 20 wird das, was auch an dieser Stelle über den Tag des HERRN steht, ausführlicher entfaltet. Manche Christen sind der Ansicht, dass man die Lehre des Tausendjährigen Reiches vernachlässigen kann, da dieses nur in Offenbarung 20 erwähnt werde. Ich stelle die Frage: Auch wenn es nur an einer Stelle stünde, ist es dann keine biblische Wahrheit? Immerhin wird der Begriff „1.000 Jahre" in Offb. 20 sechsmal wiederholt! Außerdem finden wir ihn in 2. Petrus 3 und Psalm 90. So heißt es wörtlich in 2. Petrus 3,8: **Dieses eine aber sollt ihr nicht**

übersehen, Geliebte, dass ein Tag vor dem HERRN ist wie tausend Jahre, und tausend Jahre wie ein Tag!

Zu dieser Bibelstelle hat John Mac Arthur in seiner Studienbibel eine interessante Fußnote geschrieben, welche sich genau mit meiner Beobachtung deckt, die mir unabhängig von Mac Arthur geschenkt wurde. Mac Arthur schreibt zu 2. Petrus 3,8 Folgendes:

„Gott hat ein völlig anderes Zeitverständnis als der Mensch. Aus menschlicher Perspektive scheint Christi Wiederkunft sich lange hinauszuzögern (vgl. Psalm 90,4). Doch von Gott her gesehen, wird sie nicht mehr lange auf sich warten lassen. Über diesen allgemeinen Hinweis hinaus kann das (eben 2. Petrus 3,8; Anm. Gassmann) ein konkreter Hinweis darauf sein, dass tatsächlich ein Zeitraum von 1.000 Jahren vergehen wird, zwischen der ersten Phase des ´Tages des Herrn` am Ende der Trübsalszeit (Offb 6,17) und der letzten Phase am Ende des Tausendjährigen Reiches, wenn der Herr den neuen Himmel und die neue Erde erschafft."

Diese Bibelstelle (2. Petrus 3,8) könnte sich also auch auf das Tausendjährige Reich beziehen bzw. es andeuten. So ist bei dem HERRN nicht nur ein Tag wie tausend Jahre, sondern tausend Jahre sind auch wie ein Tag. So könnte eben der „Tag des HERRN" tausend Jahre umfassen! Ich möchte diese Bibelstelle (2. Petrus 3,8) jetzt nicht dogmatisch überhöhen, aber es ist interessant, dass die Begriffe „tausend Jahre" und „ein Tag" zweimal in umgekehrter Reihenfolge genannt werden. Zuerst „ein Tag ist wie tausend Jahre" und dann „tausend Jahre sind wie ein Tag". So kann sich der Tag des HERRN in diesen tausend Jahren entfalten. Diese Bibelstelle (2. Petrus 3, 8) kann daher ein Hinweis auf eine prophetische Erfüllung sein. Diese Bibelstelle ist für mich eine weitere Bestätigung für das Kommen eines irdischen tausendjährigen Reiches. So kann ich guten Gewissens sagen, dass sich der Hinweis auf dieses Reich auch an anderen Bibelstellen findet und nicht nur in Offenbarung 20 (wobei allein schon die Schilderung in Offb. 20 ihrerseits vollauf genügen würde, um die Erwartung des Millenniums zu untermauern; vgl. auch den warnenden Hinweis in Offb. 22,18f!).

Satan wird gebunden

Nun aber wollen wir den Bibelabschnitt Offb. 20,1-6 Vers für Vers betrachten: Im ersten Vers lesen wir, dass ein Engel aus dem Himmel herabsteigt, - es muss sich um einen starken Engel handeln, der große Macht hat. Dieser Engel hat den Schlüssel zum Abgrund (griechisch: abyssos). Dieser Abgrund ist noch nicht die endgültige Feuerhölle (griechisch: gehenna), sondern der Aufenthaltsort des Teufels und seines Dämonenheeres, jener finsteren Macht, welche immer an Gottes Stelle zu treten sucht und dies aber nie zu erreichen vermag. **Und ich sah einen Engel aus dem Himmel herabsteigen, der hatte den Schlüssel des Abgrundes und eine große Kette in seiner Hand. Und er ergriff den Drachen, die alte Schlange** (wir denken an die Verführung der Menschen im Paradies!), **die der Teufel** (auch griech. Diabolos = Durcheinanderbringer) **und der Satan** (hebr. der Ankläger) **ist**, (hier werden alle Bosheiten des Teufels noch einmal unmissverständlich genannt) **und band ihn für 1.000 Jahre und warf ihn in den Abgrund** (dies ist der Verwahrort für den Teufel und noch nicht der Strafort, die Feuerhölle, in welche dann auch die unerlösten Menschen hinein müssen.) **und schloss ihn ein und versiegelte über ihm, damit er die Völker nicht mehr verführen kann, bis die 1.000 Jahre vollendet sind. Und nach diesem muss er für kurze Zeit losgelassen werden.**

Die Kette, mit der der Teufel gebunden ist, steht symbolisch für Gefangenschaft. Der Antichrist und der falsche Prophet sind bereits gerichtet worden und befinden sich nicht im Abyssos, sondern in der Feuerhölle, der Gehenna. Sie sind die ersten, die in die Feuerhölle geworfen wurden (in den Ort der nicht endenden Qual) und der Teufel wird 1.000 Jahre nach ihnen das gleiche Schicksal erleiden (siehe Offb. 19,20).

Wie lange dauert das Tausendjährige Reich?

Ist nun der Zeitraum „1.000 Jahre“ wörtlich oder symbolisch zu nehmen? Hierbei möchte ich mich nicht dogmatisch festlegen. Die sechsfache Wiederholung der Zahl 1.000 in Offenbarung 20 könnte auf eine wörtliche Deutung schließen lassen. So gibt es bei verschiedenen Kirchenvätern die Auffassung, dass ein Sabbat von 1.000 Jahren auf 6.000 Jahre Menschheitsgeschichte folgt - im Sinne einer „Menschheitswoche von 7 Tagen". In diesem siebten Sabbatjahrtausend würde Christus dann Seinen Sieg in Gestalt Seines Friedensreiches beweisen, indem Er noch innerhalb der Weltzeit Sein Friedensreich aufbaut.

Zahlen sind in der Offenbarung oftmals wörtlich zu verstehen, so besonders die in der Offb. mehrfach begegnende Zahl 3 ½ Jahre, welche parallel auch in den Zeitmaßen 42 Monate und 1.260 Tage angegeben wird. Diese Angabe von drei verschiedenen Zeitmaßen deutet für mich darauf hin, dass es sich hierbei um einen wörtlichen Zeitraum handeln **muss**! Läge eine symbolische Zahl vor, würde sie nicht extra in drei verschiedenen Zeitmaßen bezeichnet werden. Die Zahl 1.000 hingegen kann auch durch 10 x 10 x 10 ausgedrückt werden und somit symbolisch für einen vollkommenen Zeitraum stehen, nämlich für den vollkommenen Zeitraum des Friedensreiches Jesu Christi. Hier herrscht Gottes Recht in seiner höchsten Potenz: die 10 Gebote dreifach potenziert. Wir können und müssen uns also in Bezug auf die Dauer des Friedensreiches nicht festlegen, - ob es nun exakt 1.000 Jahre oder mehr Jahre sind -, aber es wird auf jeden Fall eine herrliche Zeit sein, in welcher der Messias Sein Reich auf der Erde ausbreiten wird.

Wer lebt im Tausendjährigen Reich?

Kommen wir nun zurück zu dem Geheimnis, dass der Teufel in dieser Zeit des Friedensreiches gebunden ist. Der Mensch bleibt auch während des messianischen Friedensreiches derselbe. In seinem Herzen wohnt weiterhin die Sünde, aber es fehlt der, der die Sünde anstachelt und den Menschen zur Sünde reizt: der Teufel. Dies macht viel aus! So gibt es auch im Tausendjährigen Reich Menschen, ja ganze Völkerscharen, die nicht bekehrt sind, die aber durch die Abwesenheit des Teufels dennoch friedlich miteinander leben, ohne dass es zu Mord und anderen groben Sünden kommt. Bei der Schlacht von Harmagedon

(Offb. 16,16) werden meines Erachtens nicht alle Menschen sterben, sondern nur das 200-Millionen-Heer, welches zur Schlacht gegen Gott antrat, und wohl noch andere Menschen durch die Katastrophen, welche dieser Krieg auslöste. So gelangen in das Tausendjährige Reich Menschen, die Harmagedon überleben, sowie Nachkommen von den Gläubigen, die vor dem Tausendjährigen Reich gelebt haben. Die nicht wirklich an Jesus Christus Glaubenden werden sich am Ende des Tausendjährigen Reiches mit Gog und Magog vereinen und der letzten Prüfung bezüglich ihrer Treue gegenüber dem Messias Jesus Christus nicht standhalten, sondern sich in diesen letzten Verführungsaufstand mit hineinreißen lassen. Ein schrecklicher Fall! Der Teufel ist zwar gebunden, und der Mensch wird deshalb nicht von der bösen Macht zur Sünde angestachelt. Der Mensch bleibt aber der gleiche unerlöste Sünder, wenn er nicht bekehrt und wiedergeboren ist (Joh. 3). Er befindet sich in dem irdischen Tausendjährigen Reich noch nicht im himmlischen Zustand! Dies müssen wir dringend beachten!

Der Teufel ist also für 1.000 Jahre im Abyssos, im Dämonengefängnis, gebunden. Dieser Begriff kommt mehrfach in der Heiligen Schrift vor. Christus herrscht während dieser Zeit mit Seinen Heiligen. Dies wird uns in Offb. 20,4 gesagt: **Und ich sah Throne, und sie setzten sich darauf ...**

Es wird nicht klar beschrieben, wer sich auf die Throne setzt, deshalb ist diese Bibelstelle nicht leicht auszulegen (eine exegetische Schwierigkeit). Eines steht fest: Die Märtyrer aus der Trübsalszeit sitzen auf jeden Fall auf diesen Thronen, denn es heißt in Offb. 20: **... und das Gericht wurde ihnen übergeben; und ich sah die Seelen derer, die enthauptet worden waren um des Zeugnisses Jesu und um des Wortes Gottes willen, und die das Tier nicht angebetet hatten noch sein Bild, und das Malzeichen weder auf ihre Stirn noch auf ihre Hand angenommen hatten; und sie wurden lebendig und regierten mit Christus 1.000 Jahre.**

So ist ganz klar, dass das Tausendjährige Friedensreich nicht vor, sondern **nach** der antichristlichen Trübsalszeit aufgerichtet wird. Denn ansonsten könnten unmöglich die Märtyrer der Trübsalszeit mit Christus in diesem Reich regieren!

Der Antichrist – eine zukünftige Gestalt

Wer das Tausendjährige Reich **vor** die Trübsalszeit datiert, muss auch das Auftreten des Antichristen vor das so datierte Tausendjährige Reich setzen. Dann aber kommt es zu absurden Deutungen, wie z.B. die des so genannten Präterismus (Vergangenheitsthese), welche lehrt, dass der Antichrist schon im 1. Jahrhundert aufgetreten sei, nämlich in Gestalt des Kaisers Nero, und dass es keinen zukünftigen Antichristen mehr geben wird. Dann muss auch die Schlacht von Harmagedon schon im 1. Jahrhundert gewesen sein. Versucht man dies alles in jenes 1. Jahrhundert nach Christus hineinzuinterpretieren, so wird das 1. Jahrhundert heillos überfrachtet! Auch die in der Offb. beschriebenen kosmischen Katastrophen, dass z.B. die Sterne vom Himmel fallen, muss man dann auf die Römerzeit deuten und es kommt zu gekünsteltsten Uminterpretationen der Offenbarung, welche exegetisch unhaltbar sind und dem Wort Gottes arg Gewalt antun.

Ich halte den Antichristen jedenfalls für eine zukünftige Größe. Gewiss, er besitzt viele Vorläufer seit der Zeit der Urgemeinde bis heute (vgl. 1. Joh. 2), aber am Ende wird **der** Antichrist in **einer** Person als Zusammenballung alles Bösen, das Tier aus dem Völkermeer, auftreten und sich die ganze Welt für eine begrenzte Zeit unterwerfen (Offb. 13). Wer offene Augen hat,

sieht, wie sich dieses Welteinheitsreich des Antichristen in der jetzigen Endzeit zusammenbraut, indem alles auf die politisch-wirtschaftlich-religiöse Einheit, gewissermaßen auf den neuen „Turmbau zu Babel" (vgl. 1. Mose 11) zuläuft. (Ausführlich kann dies in meiner Darstellung „Die Hure Babylon und die Zornschalen des Gerichts" nachgelesen werden.) Die „Hure Babylon" ist die falsche Religionsökumene, ist der „nützliche Idiot" oder Steigbügelhalter für das antichristliche Weltsystem. Sie wird zusammen mit dem falschen Propheten dem Antichristen die religiöse Verehrung der Massen liefern. Wenn aber der Antichrist die falsche Religion, die abgefallene Kirche, nicht mehr benötigt, wird er sie fallen lassen wie eine heiße Kartoffel. Wie töricht sind also solche Kirchenführer, die jetzt (wie z.B. Rick Warren mit seinem „PEACE-Plan") mit der UNO zusammenarbeiten. Irdische Ziele sind vielen Kirchenführern plötzlich wichtiger als die Verkündigung des Reiches Gottes! Auf diese Weise biedert man sich der gottlosen Welt an und wird mit der gottlosen Welt untergehen. Wenn man auf diesem Weltanbiederungskurs bis zum Ende fortschreitet und nicht umkehrt, bleibt man auf dem breiten Weg ins Verderben und hat den schmalen Pfad der Nachfolge Jesu endgültig aufgegeben (Mt. 7,13f.). Welchem tragischen Irrtum unterliegen solche Menschen! Wir können nur für sie beten, dass sie bemerken, wie sie sich als babylonische Mischreligion auf das Tier, den Antichristen, setzen und so dem Gericht, welches über den Antichristen kommt, anheim fallen und sogar noch vor ihm untergehen werden.

Friedensherrschaft Christi statt Gewaltherrschaft des Antichristen

Christus wird also mit den Überwindern der Trübsalszeit herrschen. Ich bin aber überzeugt, dass auf den Thronen von Offb. 20,4 die Gläubigen aus **allen** Jahrtausenden sitzen werden. Dies machen andere Textstellen aus der Heiligen Schrift deutlich. So heißt es in 1. Thess. 3,13 ganz klar, dass der Herr „mit allen Seinen Heiligen" wiederkommen wird (zum Gericht, bei Harmagedon, zum Tausendjährigen Reich; vgl.

Offb. 19,14). Alle Erlösten in Christus werden auch mit Christus während Seiner Friedensherrschaft mitherrschen dürfen. Das Tausendjährige Reich obliegt - im Gegensatz zum Antichristen - einer Friedensherrschaft und keiner Gewaltherrschaft! Der Antichrist wird eine Gewaltherrschaft ausüben, das Malzeichen verlangen und diejenigen verfolgen, welche ihm nicht gehorchen, sich ihm nicht unterwerfen werden. So werden unter seiner Herrschaft die in Offenbarung 20 erwähnten Blutzeugen auftreten: ... **und ich sah die Seelen derer, die enthauptet worden waren um des Zeugnisses Jesu und um des Wortes Gottes willen.**

Hier möchte ich darauf hinweisen, dass sich das Tausendjährige Reich nicht nur im Neuen, sondern auch im Alten Testament findet. Ich verweise auf ein Buch des messianischen Juden Arnold Fruchtenbaum mit dem Titel: „Handbuch der biblischen Prophetie". Fruchtenbaum hat in seinem Buch Dutzende von Bibelstellen besonders aus den Prophetenbüchern des Alten Testaments angeführt, die alle auf das kommende Friedensreich des Messias hinweisen, das so genannte davidische Königreich, welches zunächst irdisch ist, dann aber in der himmlischen Herrschaft des Christus ewig fortdauern wird. Zwischen dem irdischen / messianischen und dem himmlischen Königreich Jesu gibt es den Einschub von Gog und Magog. Trotz dieser Diskontinuität (dem Auftreten von Gog und Magog), welche für viele Ausleger ein Problem darstellt, findet sich in der Entwicklung vom messianischen Friedensreich zur ewigen Herrschaft Jesu Christi dennoch eine grundlegende Kontinuität. Ich halte nicht alle Bibelstellen, die Fruchtenbaum diesbezüglich anführt, für überzeugend, aber doch sehr viele, von welchen ich nun einige - aus dem Alten Testament - nennen will. Ich möchte vorausschicken, dass es Stellen sind, die sich auf die „letzte Zeit" beziehen - dieser Begriff wird in diesen Stellen oft wörtlich genannt -, die also nicht zeitgeschichtlich historisch auf die Zeit des Alten Testaments beschränkt werden können, obwohl sie typologisch daran anknüpfen. Es sind andererseits Bibelstellen, die sich nicht auf die ewige Vollendung - neuer Himmel und neue Erde - beziehen können, weil sie Aussagen beinhalten, die nur auf das irdische

Leben, also auf das irdische Friedensreich, hinweisen und gedeutet werden können. Aus diesem Grunde beziehen Fruchtenbaum und andere Ausleger die folgenden Bibelstellen auf das Tausendjährige irdische Friedensreich Jesu Christi.

Schwerter zu Pflugscharen – im Tausendjährigen Reich wird es Wirklichkeit

Die erste, sehr zentrale Bibelstelle ist Micha 4,1ff: **Doch es wird geschehen am Ende der Tage** (nun folgen aber Verheißungen auf ein irdisches Reich und noch nicht auf die himmlische Vollendung), **da wird der Berg des Hauses des HERRN festgegründet an der Spitze der Berge stehen und wird über alle Höhen erhaben sein und Völker werden ihm zuströmen.** (Hiermit ist der Zion, Jerusalem gemeint, welches als Missionshauptstadt des Tausendjährigen Reiches eingesetzt wird.) **Und viele Heidenvölker werden hingehen und sagen: „Kommt, lasst uns hinaufziehen zum Berg des HERRN, zum Haus des Gottes Jakobs, damit Er uns über Seine Wege belehre und wir auf Seinen Pfaden wandeln!" Denn von Zion wird das Gesetz ausgehen und das Wort des HERRN von Jerusalem.** (Zu dieser Stelle passt auch die Tempelprophetie des Propheten Hesekiel in Hes. 47. Diese Prophetie Hesekiels kann man nicht auf das himmlische Jerusalem oder auf das irdische Jerusalem des alten Bundes deuten, sondern eigentlich nur auf das Tausendjährige Reich.) **Und Er wird das Urteil sprechen zwischen großen Völkern und starke Nationen zurechtweisen, die weit weg wohnen, so dass sie ihre Schwerter zu Pflugscharen schmieden** (Für die Schlacht von Harmagedon galt noch das Gegenteil: Pflugscharen zu Schwertern. Im Tausendjährigen Reich aber werden Schwerter zu Pflugscharen geschmiedet! Nun herrscht nicht mehr der Krieg, sondern Ackerbau und Fruchtbarkeit) **und ihre Spieße zu Rebmessern; kein Volk wird gegen das andere ein Schwert erheben, und sie werden den Krieg nicht mehr erlernen; sondern jedermann wird unter seinem Weinstock und unter seinem Feigenbaum sitzen, und niemand wird ihn aufschrecken; denn der Mund des HERRN der Heerscharen hat es geredet! Denn alle Völker mögen wan-**

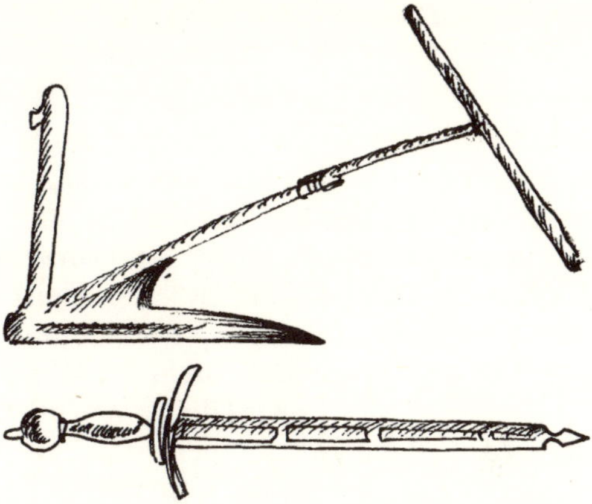

deln, jedes im Namen seines Gottes; wir aber wollen wandeln im Namen des HERRN, unseres Gottes, immer und ewiglich! An jenem Tage, spricht der HERR, will Ich das Hinkende sammeln und das Verstoßene zusammenbringen und die, denen Ich Unheil zugefügt habe. Und Ich will aus dem Hinkenden einen Überrest machen und aus dem, was weit entfernt war, ein starkes Volk; und der HERR wird über sie als König herrschen auf dem Berg Zion von nun an bis in Ewigkeit. Und du Turm der Herde, du Hügel der Tochter Zion, zu dir wird gelangen und zu dir wird zurückkehren die frühere Herrschaft, das Königtum der Tochter Jerusalem!

Hier ist der Zionsberg im Tausendjährigen Reich genannt. Seine Bedeutung wird durch Gog und Magog hindurch in die Ewigkeit hinein weiterklingen. Diese Kontinuität (Weiterführung) bleibt bestehen. Die Verheißung in Micha 4 ist aber in erster Linie zunächst auf die irdische Herrschaft Jesu bezogen und dann erst in zweiter Linie auf Seine himmlische. Man darf diese Handlungsstränge nicht auseinander reißen, man darf sie aber auch nicht vermischen, denn es handelt sich hier um verschiedene Stufen im Heilsplan Gottes. Viele Ausleger können das nicht verstehen, sondern legen sich entweder auf das eine (nur irdisch bezogen) oder auf das andere (nur jenseitig zu verstehen) fest. So verharren sie dann in einer sehr verkürzten Sicht und Auslegung des Heilsplans. (Jesaja 2 ist das Parallelkapitel zu Micha 4.)

Friede zwischen den Geschöpfen

Eine weitere Bibelstelle findet sich in Jesaja 11. Dort lesen wir zunächst die Verheißung über die Geburt des Messias, welche wir immer wieder am Christfest hören. Jesaja 11,1–2: **Und es wird ein Zweig hervorgehen aus dem Stumpf Isais und ein Schössling hervorbrechen aus seinen Wurzeln; und auf Ihm wird ruhen der Geist des HERRN, der Geist der Weisheit und des Verstandes, der Geist des Rats und der Kraft, der Geist der Erkenntnis und der Furcht des HERRN.** Weiter heißt es dann in Jesaja 11,3ff: **Er wird die Armen mit Gerechtigkeit richten ... Er wird die Erde mit dem Stab Seines Mundes schlagen ... Gerechtigkeit wird der Gurt Seiner Lenden sein und Wahrheit der Gurt Seiner Hüften.**

Dann folgt die großartige Verheißung, welche sich meines Erachtens in den Heilsplan Gottes nicht anders einordnen lässt als zum Tausendjährigen Friedensreich Jesu Christi: **Da wird der Wolf bei dem Lämmlein wohnen und der Leopard sich bei dem Böcklein niederlegen. Das Kalb, der junge Löwe und das Mastvieh werden beieinander sein, und ein kleiner Knabe wird sie treiben. Die Kuh und die Bärin werden miteinander weiden und ihre Jungen zusammen lagern, und der Löwe wird Stroh fressen wie ein Rind. Der Säugling wird spielen am Schlupfloch der Natter, und der Entwöhnte seine Hand nach der Höhle der Otter ausstrecken. Sie werden nichts Böses tun noch Verderben anrichten auf dem ganzen Berg Meines Heiligtums; denn die Erde wird erfüllt sein von der Erkenntnis des HERRN, wie die Wasser den Meeresgrund bedecken.**

Gerade der letzte Satz beweist meines Erachtens, dass diese Verheißung nicht himmlisch, sondern irdisch bezogen ist, weil von der Erde (mit ihren irdischen Geschöpfen, etwa Tieren) als Handlungsort die Rede ist.

Der Abrahams-Bund erfüllt sich

Weiter gibt es, darauf weist auch Fruchtenbaum hin, in der Bibel Bundesverheißungen für Israel, die noch nicht erfüllt sind und welche sich noch auf Erden erfüllen müssen! Gott lügt nicht, Gott ist wahrhaftig und Er erfüllt Sein Wort. So hat sich zum Beispiel der Abrahamsbund noch nicht völlig erfüllt. Israel war noch nie in den Grenzen vorhanden, die im Abrahamsbund in 1. Mose 15,18–21 als Verheißung niedergeschrieben wurden. Diese Verheißung mit ihren irdischen Grenzangaben kann schwerlich im Himmel erfüllt werden. Im Himmel wird es das himmlische Jerusalem geben, aber dies ist von ganz anderer Qualität und Beschaffenheit als das irdische. So lesen wir in 1. Mose 15,18–21 - meines Erachtens in Bezug auf die Grenzen Israels im Tausendjährigen Reich: **An jenem Tag machte der HERR einen Bund mit Abram und sprach: Deinem Samen habe Ich dieses Land gegeben, vom Strom Ägyptens bis and den großen Strom, den Euphrat.**

Dann folgt die Aufzählung der dort lebenden Völker. Das heißt, dass Israel bis zum Iran / Irak-Gebiet reichen wird. Dies war historisch noch nie der Fall und muss sich demzufolge noch erfüllen. Der Strom Euphrat spielt übrigens in der Offenbarung immer wieder eine wichtige Rolle. So finden wir ihn auch bei den Gerichten um Harmagedon in Offb. 16 erwähnt. Wenn der Messias den Sieg errungen hat, wird die Grenze aus 1. Mose 15 sich erfüllen.

Der Davids-Bund erfüllt sich

Auch der Davidsbund hat sich noch nicht völlig erfüllt. Es gibt verschiedene Verheißungen für David: Einmal auf seinen leiblichen Sohn, Salomo, bezogen. Von ihm lesen wir in den Königsbüchern; - unter anderem auch, dass Salomo in Sünde fallen wird. Diese Bibelstellen lassen sich natürlich nicht auf Jesus Christus beziehen. Es gibt aber eine Verheißung für David in 1. Chronik 17,10–14, welche sich meines Erachtens eindeutig auf den ewigen Thronfolger Davids Jesus Christus und auf Sein Reich bezieht. Hier spricht der HERR durch den Propheten Nathan zu David: **Und Ich werde alle deine Feinde demütigen und Ich verkündige dir, dass der HERR dir ein Haus bauen wird. Und es wird geschehen, wenn deine Tage erfüllt sind, so dass du zu deinen Vätern hingehst, so will Ich deinen Samen nach dir erwecken, der von deinen Söhnen sein wird; und Ich werde**

sein Königtum befestigen. Der wird mir ein Haus bauen (Diese Verheißung betrifft Salomo) **und Ich werde seinen Thron auf ewig befestigen.** (Diese Verheißung bezieht sich auf den Messias Jesus Christus.) **Ich will sein Vater sein, und er soll Mein Sohn sein. Und Ich will Meine Gnade nicht von ihm weichen lassen, wie Ich sie von dem weichen ließ, der vor dir war** (nämlich von Saul), **sondern Ich will ihn auf ewig über Mein Haus und Mein Königreich einsetzen, und sein Thron soll auf ewig fest stehen!**

Die letzen Verse kann man natürlich auch auf Jesu ewige Herrschaft im Himmel beziehen. Aber diese Bibelstelle aus 1. Chronik 17 hängt unmittelbar mit Hesekiel 37 zusammen. Auch in diesem Abschnitt ist vom Thron Davids die Rede. Dort sind für Davids Thronfolger irdische Verheißungen genannt, die zum Teil noch ausstehen. In Hesekiel 37 wird zunächst beschrieben, wie Totengebeine zusammenrücken und wieder lebendig werden. Ich deute dies auf die Staatsgründung Israels in der Endzeit hin, die 1948 nach dem Holocaust Wirklichkeit wurde, - die Zusammenrückung, die politische Sammlung Israels. Dann heißt es in Hesekiel 37,5 ff: **... Ich will Odem in euch kommen lassen, dass ihr lebendig werdet!** Gott wird in diesem neu entstandenen Israel auch Erweckung schenken. Weiter wird dies in Vers 11ff. fortgeführt: **Und Er sprach zu mir: Menschensohn, diese Gebeine sind das ganze Haus Israel ... Ich will eure Gräber öffnen und euch, mein Volk, aus euren Gräbern heraufbringen, und Ich will euch wieder in das Land Israel bringen; und ihr sollt erkennen, dass Ich der HERR bin ... Ich werde euch wieder in euer Land bringen** (Die Landverheißung an Israel für die Endzeit!)

Es folgt die Verheißung über die Wiederherstellung des Königtums. Diese kann sich meines Erachtens nur im Tausendjährigen Reich nach der Reichssammlung in der Endzeit erfüllen. Hes. 37,15ff: **Und das Wort des HERRN erging an mich folgendermaßen: Du, Menschensohn, nimm dir einen Holzstab und schreibe darauf: „Für Juda und die Kinder Israels, seine Mitverbundenen". Dann nimm einen anderen Holzstab und schreibe darauf: „Für Joseph, den Holzstab Ephraims, und das ganze Haus Israel, seinen Mitverbundenen". Danach füge die beiden zusammen, einen zum anderen, damit ein Holzstab daraus werde!**

Israel soll nicht mehr in Juda und Israel aufgeteilt sein, sondern **ein** Reich werden. Weiter heißt es in Vers 21ff: **So spricht Gott, der HERR: Siehe, Ich werde die Kinder Israels aus den Heidenvölkern zurückholen, unter die sie gekommen sind ... Ich werde sie ... zu einem einzigen Volk machen; sie sollen alle nur einen einzigen König haben. Und sie sollen sich auch künftig nicht mehr verunreinigen mit ihren Götzen ... Ich ... will sie reinigen ... sie werden Mein Volk sein und Ich werde ihr Gott sein.**

Es folgt die Davidsverheißung: **Und Mein Knecht David soll ihr König sein, und sie sollen alle einen einzigen Hirten haben. Und sie werden in Meinen Rechtsbestimmungen wandeln und Meine Satzungen bewahren und sie tun. Sie werden wieder in dem Land wohnen, das Ich Meinem Knecht Jakob gegeben habe, in dem auch eure Väter gewohnt haben. Ja, darin sollen sie in Ewigkeit wohnen, sie und ihre Kinder und Kindeskinder;** Wobei der Begriff „Ewigkeit“ (hebr.: olam/ griech.: aionios) hier auch „Zeitraum“ bedeuten kann. Hier steht nicht „von Ewigkeit zu Ewigkeit“, sondern nur „eine Ewigkeit“, eben das Tausendjährige Reich, ein „Ewigkeitsabschnitt“, der dann in die absolute Ewigkeit übergeht bzw. mündet. **... und mein Knecht David soll ihr Fürst sein auf ewig. Ich will auch einen Bund des Friedens mit ihnen schließen; ein ewiger Bund ... und die Heidenvölker werden erkennen, dass Ich der HERR bin, der Israel heiligt, wenn Mein Heiligtum in Ewigkeit in ihrer Mitte sein wird.**

Im Himmel wird es schwerlich Heidenvölker geben! Ist uns dies bewusst? Auch dieser Vers spricht für ein tatsächliches irdisches Tausendjähriges Reich! Für mich ist dies der letzte Beweis, dass es dieses Tausendjährige Friedensreich Jesu Christi auf Erden **vor** der Vollendung des neuen Himmels und der neuen Erde geben wird. Ein weiterer Schriftbeweis für das Tausendjährige Reich ist, dass unmittelbar nach Hesekiel 37 der Angriff von Gog und Magog beschrieben wird. Es handelt sich um genau dieselbe Reihenfolge wie in Offenbarung 20. So lehnt sich Offb. 20 ganz genau an Hesekiel 37 und 38 an. So ist die Reihenfolge: das Tausendjährige Friedensreich, der Aufstand von Gog und Magog und dann der neue Himmel und die neue Erde, nachdem im Jüngsten Gericht die Ungläubigen und Ungerechten in die Gehenna, die Feuerhölle, geworfen wurden.

Erster und zweiter Tod, erste und zweite Auferstehung

So ist meine Erkenntnis. Über diese Fragen gab es schon heftige Auseinandersetzungen, aber wir wollen und dürfen niemand den Glauben absprechen, der diese eschatologischen Dinge anders sieht. Ich komme nun zu den letzten Versen in Offb. 20,1-6:

Die übrigen der Toten aber wurden nicht wieder lebendig, bis die 1.000 Jahre vollendet waren. Dies ist die erste Auferstehung. Glückselig und heilig ist, wer Anteil hat an der ersten Auferstehung! Über diese hat der zweite Tod keine Macht, sondern sie werden Priester Gottes und des Christus sein und mit Ihm regieren 1.000 Jahre.

Die erste Auferstehung bezieht sich also auf die Toten, die lebendig werden und mit Christus 1.000 Jahre regieren. So bezieht sich Vers 5 auf Vers 4. Die Zwischenbemerkung, dass die übrigen Toten nicht lebendig werden, bezieht sich auf das Endgericht. Das kann zu Verwirrung führen. Bei dieser ersten Auferstehung derer, die mit Christus 1.000 Jahre regieren, ist noch nicht von der Ewigkeit die Rede, sondern eben vom Tausendjährigen Reich. Und derjenige wird glückselig gepriesen, der an dieser Auferstehung Anteil hat, denn der zweite Tod wird keine Macht über ihn haben.

Nun müssen wir uns fragen: Was ist der erste und der zweite Tod? Der erste Tod ist der leibliche Tod (die Sterblichkeit infolge des Sündenfalls; 1. Mose 3), den wir, falls wir nicht entrückt werden sollten, alle erleben müssen. Für Gläubige ist dies ein Segen, weil sie zum HERRN gehen, mit Ihm in Seinem Friedensreich regieren und ewig bei Ihm sein dürfen.

Der zweite Tod ist der geistliche Tod, welcher zur ewigen Verdammnis führt. So gibt es Menschen, die zwar leiblich leben, aber doch geistlich tot sind, d. h. keine Verbindung mit Jesus Christus bzw. keinen Glauben an Jesus Christus haben. Diese leben jetzt schon im zweiten Tod – nämlich in der Trennung von Gott. Diese werden doppelt sterben: Zuerst den leiblichen Tod und dann den zweiten Tod: Die Verdammung in der Feuerhölle, wo sie die ewige Qual erleiden. Nach dem leiblichen Tod ist man nicht ausgelöscht und ohne Bewusstsein, wie manche Sekten es fälschlicherweise lehren, sondern die Verdammten, die ohne Glaubensbeziehung zu Jesus Christus leben, werden in der Feuerhölle von Ewigkeit zu Ewigkeit gequält werden. In der Feuerhölle, von welcher Jesus Christus sagt, dass „ihr Wurm nicht stirbt und ihre Flamme nicht erlischt" (Mk. 9,48). Dies ist grausame Realität. Aber sie entspricht Gottes absoluter Gerechtigkeit und wir dürfen davon nichts umdeuten. So ist die ewige Verdammnis der endgültige zweite Tod aufgrund des geistlichen Todes.

Die erste Auferstehung ist die Auferstehung der Gerechten des Alten Bundes, der Gemeinde des Neuen Bundes und der Überwinder aus der Trübsalszeit. Sie alle werden auferstehen zu Beginn des Tausendjährigen Reiches und werden nicht in das Gericht (das Weltgericht) kommen, also nicht am Jüngsten Tag vor Gottes weißen Thron treten müssen. Denn sie erleben vor dem Tausendjährigen Reich schon das so genannte Preisgericht vor dem Richterstuhl Jesu Christi. Die, welche sich im Tausendjährigen Reich bekehren, werden sicherlich am Jüngsten Tag auch noch einmal ein Preisgericht erhalten. Im Preisgericht vor dem Richterstuhl Christi wird nach 1. Korinther 3 entschieden, ob ein Gläubiger Gold, Silber und Edelsteine gewirkt hat oder Holz, Heu und Stoppeln. So können wir als Gläubige unterschiedliche Frucht bringen.

Ich zitiere eine Fußnote aus der John Mac Arthur Studienbibel, die weiteres Licht in den Komplex „erster und zweiter Tod" bzw. „erste und zweite Auferstehung" hinein bringt (Kommentar zu Offb. 20,5):

„Die Bibel lehrt zwei Arten von Auferstehung: die ´Auferstehung des Lebens` und die ´Auferstehung des Gerichts` (Joh. 5,29; vgl. Dan. 12,2; Apg. 24,15). Die erste Auferstehung wird auch bezeichnet als ´Auferstehung der Gerechten` (Lk. 14,14), Auferstehung derer, ´die Christus angehören bei seiner Wiederkunft` (1. Kor. 15,23) und die ´bessere Auferstehung` (Hebr. 11,35). Sie umfasst ausschließlich die Erlösten aus den Zeitaltern der Gemeinde (1. Th. 4,13–18), des AT (Dan. 12,2) und der Trübsalszeit (Offb. 20,4). Sie (die Erlösten aus altem und neuem Bund. Anm. Gassmann) werden in Auferstehungsleibern ins Tausendjährige Reich eingehen, und zwar zusammen mit den Gläubigen, die die

Trübsal überlebt haben. Die zweite Auferstehung ist die Auferstehung der Unbekehrten, die dann ihre ewigen Leiber erhalten, die für die Qualen der Hölle bereitet sind."

Letztere, die zweite Auferstehung, ist die Auferstehung der Toten am Jüngsten Tag zum Weltgericht, das auch Endgericht, Jüngstes Gericht und Völkergericht genannt wird. Wichtig ist, dass wir jetzt, heute, in unserem Erdenleben mit dem Herrn Jesus verbunden sind. Bist du es noch nicht, so komme heute zu Jesus! Du weißt nicht, wie lange du auf Erden lebst und die Chance dazu hast!

Die Entscheidung über die Ewigkeit fällt jetzt!

Abschließend möchte ich nun noch einen Bibelabschnitt aus Johannes 3 lesen, und zwar die Verse 16ff: **Denn so sehr hat Gott die Welt geliebt, dass Er Seinen eingeborenen Sohn gab, damit jeder, der an Ihn glaubt, nicht verloren geht, sondern ewiges Leben hat. Denn Gott hat Seinen Sohn nicht in die Welt gesandt, damit Er die Welt richte, sondern damit die Welt durch Ihn gerettet werde.**

Glauben heißt: mit meinem Leben zu Jesus zu kommen, Buße zu tun über mein Leben, Jesus meine Sünden zu bekennen und darauf zu vertrauen, dass Er mit Seinem Sühnetod am Kreuz von Golgatha dafür bezahlt hat – und dann ein Leben zu führen, wie es Jesus gefällt aus der Kraft Seines Geistes. Wer jetzt an den Sohn Gottes glaubt, der kommt nicht in das Völkergericht, sondern er ist gerettet und gelangt zur ersten Auferstehung des Lebens. Er muss nicht in die zweite Auferstehung der Ungerechten, die zur Verdammnis verurteilt werden. So heißt es weiter: **Wer an Ihn glaubt, wird nicht gerichtet; wer aber nicht glaubt, der ist schon gerichtet, weil er nicht an den Namen des eingeborenen Sohnes Gottes geglaubt hat.**

Die Entscheidung also, in welche Auferstehung und in welches Gericht wir kommen, fällt in unserem Leben auf dieser Erde – hier und jetzt. Wenn wir jetzt zu Jesus kommen und uns durch Sein Blut von unseren Sünden reinigen lassen, kommen wir nur vor das Preisgericht und nicht vor das Völker- und

Endgericht. Im Preisgericht vor dem Richterstuhl Christi wird nur über unseren Lohn für unsere Werke entschieden, aber nicht mehr darüber, ob wir verdammt oder gerettet werden. Der Glaube an Jesu Sühnetod rettet uns.

Manche Menschen werden im Preisgericht nur gerettet „wie durchs Feuer hindurch" (1. Kor. 3,15): also gewissermaßen „nackt" und ohne Belohnung, weil sie nicht so brennend für den HERRN gewirkt haben - aber gerettet. So möge der HERR es schenken, dass wir brennend für Ihn sind, damit wir auch den Lohn Seiner treuen Knechte empfangen dürfen.

Die Frage der Hingabe an Jesus ist entscheidend: Bist du ganz Sein, gehörst du Ihm völlig? Es gab einmal in der Christenheit den Satz: „Sei ganz Sein oder lass es ganz sein!" Bist du Gottes, bist du Jesu Kind? Geschöpfe Gottes sind wir von Natur aus, aber Kinder Gottes werden wir nur durch die Wiedergeburt durch Seinen Heiligen Geist (Joh. 3). Diese wiederum erfolgt bei unserer Glaubensentscheidung für Jesus, indem wir mit unserem Leben und unseren Sünden zu Ihm kommen und uns reinigen und neu machen lassen. So stelle ich zum Schluss die Fragen: Bist du wiedergeboren durch den Geist Gottes? Hast du Heilsgewissheit - Gottes Vergebung? Ich wünsche es uns allen, damit wir dann ewig beim HERRN sein dürfen. Amen.

Wir beten: *Lieber Heiland, Herr Jesus Christus! Wir haben jetzt ein schwieriges Kapitel der Endzeit betrachtet: Das Tausendjährige Reich. Es ist sicherlich keine heilsentscheidende, aber eine wichtige Frage, von welcher in Bezug auf unser Bibelverständnis und unser Leben einiges abhängt. Schenke uns doch Erkenntnis aus Deinem Wort und schenke uns Barmherzigkeit im Umgang miteinander, wenn wir in solchen Fragen unterschiedlich denken. Lass uns aber vor allem bereit sein, dass wir in Dein ewiges Reich eingehen dürfen, dass wir hier auf Erden im Glauben an Dich stehen und festbleiben dürfen. So bewahre uns nach Geist, Seele und Leib. Hilf uns dazu, dass wir uns reinigen lassen von aller Sünde und Schuld, dass wir uns von Dir bewahren lassen und Kraft bekommen, der Sünde zu widerstehen, um ein Leben zu führen, wie es Dir gefällt und Dir treu und ganz nachzufolgen, Herr Jesus Christus. Dir und dem Vater im Himmel sei alle Ehre gebracht jetzt und in Ewigkeit. In Deinem Namen, Herr Jesus, Amen.*

Das Endgericht
Offenbarung 20,7–15

Und wenn die tausend Jahre vollendet sind, wird der Satan aus seinem Gefängnis losgelassen werden, und er wird ausgehen, um die Heidenvölker zu verführen, die an den vier Enden der Erde leben, den Gog und den Magog, um sie zum Kampf zu versammeln, deren Zahl wie der Sand am Meer ist. Und sie zogen herauf auf die Fläche des Landes und umringten das Heerlager der Heiligen und die geliebte Stadt. Und es fiel Feuer von Gott aus dem Himmel herab und verzehrte sie. Und der Teufel, der sie verführt hatte, wurde in den Feuer- und Schwefelsee geworfen, wo das Tier ist und der falsche Prophet, und sie werden gepeinigt werden Tag und Nacht, von Ewigkeit zu Ewigkeit. Und ich sah einen großen weißen Thron und Den, Der darauf saß; vor Seinem Angesicht flohen die Erde und der Himmel, und es wurde kein Platz für sie gefunden.

Und ich sah die Toten, kleine und große, vor Gott stehen, und es wurden Bücher geöffnet, und ein anderes Buch wurde geöffnet, das ist das Buch des Lebens; und die Toten wurden gerichtet gemäß ihren Werken, entsprechend dem, was in den Büchern geschrieben stand.

Und das Meer gab die Toten heraus, die in ihm waren, und der Tod und das Totenreich (der Hades) gaben die Toten heraus, die in ihnen waren; und sie wurden gerichtet, ein

jeder nach seinen Werken. Und der Tod und das Totenreich wurden in den Feuersee geworfen. Das ist der zweite Tod.

Und wenn jemand nicht im Buche des Lebens eingeschrieben gefunden wurde, so wurde er in den Feuersee geworfen.

Allezeit böser Satan und unbelehrbare Menschen

Das Weltgericht geschieht am Jüngsten Tag. An diesem Tag weichen Himmel und Erde. Und es entstehen dann, wie es im Kapitel 21 wunderbar beschrieben wird, der neue Himmel und die neue Erde.

Zunächst jedoch erfolgt ein letzter Aufruhr unter Gog und Magog. Es ist rätselhaft. Die Menschen haben schon einmal die Schlacht von Harmagedon erlebt. Dann sind diejenigen, die diese überlebt haben, ins Tausendjährige Reich gekommen. Wir wissen, dass im Tausendjährigen Reich Satan gebunden war. Der Mensch war zwar der Gleiche geblieben, die Sünde war immer noch in seinem Herzen; aber Satan konnte nicht Verführungen bringen und diese Sünde anstacheln. Satan war die ganze Zeit über im Abyssus, im dämonischen Gefängnis, gebunden. Das ist noch nicht die endgültige Feuerhölle, sondern der Gefängnisort der Dämonen im Abgrund, aus dem sie auch kommen und wo sie von Gott verwahrt werden. Von da wird Satan am Ende wieder losgelassen.

Und warum kommt es eigentlich zur Schlacht von Gog und Magog? Man fragt sich, was das für einen Sinn hat. Nun, es hat den Sinn, noch einmal zu prüfen, wer im Tausendjährigen Reich wirklich zum HERRN hielt - und wer nicht. Wer wirklich ein Jünger Jesu wurde - und wer nur so getan hat. Wer dem HERRN treu bleibt - und wer sich zu diesem Aufstand, zur letzten satanischen Rebellion, hinreißen lässt.

Wir sehen, auch Satan hat in den letzten tausend Jahren nichts dazugelernt. Er ist noch genauso böse, noch genauso verführerisch, noch genauso gottfeindlich, wie er es immer war, von Anfang an bis zum Ende. Und deshalb wird er auch auf ewig, d. h. ohne Ende, gepeinigt werden im Pfuhl aus Feuer, der mit

Schwefel brennt. Das ist ein Bild für die ewige Verdammnis, für die Hölle, in der es wirklich Qualen geben wird, wo der Wurm nicht stirbt und die Flamme nicht erlischt (Markus 9,43. 48).

Rückblick

Ich habe bereits erwähnt, dass diejenigen, die ins Tausendjährige Reich gelangen, bzw. diejenigen, die dort mit Jesus Christus regieren werden, die Erlösten sind, vor allem auch die Märtyrer aus der Trübsalzeit. Diese werden in Offenbarung 20,4, ausdrücklich genannt. **„Und diese wurden lebendig und regierten die tausend Jahre mit Christus"**.

Sie sind vorher schon ins Preisgericht (zum Richterstuhl Christi) gekommen (1. Korinther 3), bei dem sie beurteilt wurden gemäß der Frucht, die sie gebracht haben - ob sie Holz, Heu oder Stoppeln gebaut oder Gold, Silber oder Edelsteine hervorgebracht haben, also wenig oder viel Frucht. Man kann daraus folgern, dass es im Himmelreich zwar nur Gerettete gibt (nämlich alle, die die Sühnung ihrer Sünden durch das Opfer Jesu Christi im Glauben für sich in Anspruch genommen haben), aber doch verschiedene Stufen, gemäß dem Lohn, den die Knechte bekommen werden. Faule Knechte, die wenig mit ihren Pfunden (anvertrauten Gaben) hervorgebracht haben, werden auch weniger Lohn im Preisgericht erhalten als solche, die treu und voller Hingabe dem HERRN gedient haben (vgl. hierzu das Gleichnis von den anvertrauten Pfunden in Matthäus 25,14ff.). Diese erleben die erste Auferstehung zum Heil. Die zweite Auferstehung dagegen ist die Auferstehung zur Verdammnis. Diese wird diejenigen betreffen, die nicht Jesus nachgefolgt sind - alle, die Ihn abgelehnt haben.

Wer ist „Gog und Magog"?

Und wenn die tausend Jahre vollendet sind, wird der Satan aus seinem Gefängnis losgelassen werden, und er wird ausgehen, um die Heidenvölker zu verführen, die an

den vier Enden der Erde leben, den Gog und den Magog, um sie zum Kampf zu versammeln; deren Zahl wie der Sand am Meer ist.

Wer ist „Gog und Magog"? Es gibt darüber verschiedene Theorien. Ich möchte dazu nur Folgendes sagen: Der Name „Gog" bedeutet wahrscheinlich „hoch" oder „Höchster" und ist ein Bild für die Mächte, die sich Satan unterwerfen. Es ist ein Fürst, der dieses Heer gegen die geliebte Stadt - das ist Jerusalem - anführt. Dieser Angriff geht von den vier Enden der Erde aus.

Es ist verwirrend, dass in Hesekiel 38, nachdem die Wiederherstellung Israels beschrieben wurde und auch das Auftreten des guten Fürsten aus dem Hause Davids, anschließend dieser Aufstand von Gog und Magog aufgezeichnet wird. Aber wenn wir genau lesen, sehen wir, dass es wohl eine **zweifache** Erfüllung dieses Aufstandes gibt!

Die erste Erfüllung bezieht sich zweifellos auf die Schlacht von Harmagedon. Aber wir sehen ebenso, dass nach dem Tausendjährigen Reich noch einmal die Namen Gog und Magog auftreten. Es findet sich in der Bibel immer wieder die Möglichkeit einer zwei- oder mehrfachen Erfüllung. So wird also die gleiche finstere Macht, die nichts dazu gelernt hat, unter der Leitung Satans wieder auftreten, bis sie dann endgültig im Feuerpfuhl ihren Verdammungs- und Bestimmungsort findet. Vor dem Tausendjährigen Reich war es der Antichrist; dieser befindet sich bereits im Feuerpfuhl. Aber es wird nach dem Tausendjährigen Reich ähnliche Gestalten geben, die als neuer Antichrist (oder neue Antichristen) genauso gegen Jesus Christus und Seine Gemeinde marschieren.

Hinweise beim Propheten Hesekiel

Lesen wir einmal in Hesekiel 38 und 39, was wir über diese Schlacht von Gog und Magog gegen Israel und auch gegen die Heiligen am Ende entnehmen können:

Hesekiel 38,1-2: **Und das Wort des HERRN erging an mich folgendermaßen: „Menschensohn, wende dein Angesicht**

gegen Gog im Land Magog, den Fürsten von Rosch, Mesech und Tubal, und weissage gegen ihn."

Von Mesech und Tubal weiß man nicht genau, wo das liegt. Aber es existierten Völker im antiken assyrischen Gebiet, von denen das eine Muschki oder Muschku hieß und das andere Tubali. Diese könnten sich im Bereich des alten Assyrien befunden haben, also im heutigen Syrien und in weiteren benachbarten Gebieten.

Hesekiel 38,3–6: **Und sprich: „So spricht Gott, der HERR: Siehe Ich komme über dich, Gog, du Fürst von Rosch, Mesech und Tubal! Und Ich will dich herumlenken und will dir Haken in deine Kinnbacken legen; Ich will dich und deine ganze Kriegsmacht herausführen, Rosse und Reiter, alle prächtig gekleidet, eine große Menge, die alle Ganzschilde, Kleinschilde und Schwerter tragen. Perser, Kuschiten und Put mit ihnen, alle mit Kleinschild und Helm, Gomer samt allen seinen Truppen und das Haus Togarma vom äußersten Norden, auch mit allen seinen Truppen, viele Völker mit dir!"**

Die Perser können eindeutig identifiziert werden. Es sind diejenigen, die sich im heutigen Iran befinden.

Die Kuschiten sind die Äthiopier, wobei es dort auch heute noch viele Christen gibt. Aber auch Äthiopien wurde damals und wird am Ende wieder gegen Israel aufgeboten werden, gegen die geliebte Stadt Jerusalem.

Put ist Lybien. Von diesem Land wissen wir ja, dass es da zurzeit eine ganz besonders anti-israelitische und anti-christliche Regierung unter Gaddafi gibt. Und seine Nachfolger werden, nach dieser Prophetie zu schließen, auch nicht viel anders sein.

Gomer ist das Gebiet des heutigen Armeniens.

Togarma ist die heutige Osttürkei. Von der Türkei wissen wir, dass dort viele Christen ihr Leben lassen müssen um des HERRN willen. Die Türkei möchte in die Europäische Union aufgenommen werden, wobei die Europäische Union auch nicht viel christlicher ist als die islamischen Länder. Wir kennen ja inzwischen die neuen Gesetze, die Verfolgung für alle entschiedenen Christen mit sich bringen werden in diesem neuen Europa, im vierten Tierreich nach Daniel Kapitel 2 und Kapitel 7.

Hesekiel 38,16 b: **„Zur letzten Zeit wird es geschehen, dass Ich dich gegen Mein Land** (Israel) **heraufkommen lasse, damit Mich die Heiden erkennen sollen, wenn ICH Mich an dir, Gog, vor ihren Augen heilig erweisen werde!"**

„Zur letzten Zeit wird es geschehen". Das ist also keine historische Aussage für alttestamentliche Zeiträume, sondern es heißt ausdrücklich **„zur letzten Zeit"** - ein Hinweis auf die endgeschichtliche Erfüllung. Der HERR wird den Sieg behalten und zeigen: ICH stehe zu den Erwählten und den Erlösten Israels und eben zu denen, die Jesus, Meinen Messias, Meinen Sohn, angenommen haben.

Nun heißt es im Vers 19, dass es zu jener Zeit ein großes Erdbeben geben wird im Land Israel. Das passt gut zur Schlacht von Harmagedon und den Zornschalengerichten, wo ja auch vom größten Erdbeben aller Zeiten die Rede ist (Offb. 16,16ff.). Deshalb habe ich vorhin angedeutet, dass die eine Erfüllung vor dem Tausendjährigen Reich erfolgt und die andere danach, wo noch einmal dieselbe Bezeichnung „Gog und Magog" auftritt. In Vers 22 ist die Rede von Pest, Blut, Platzregen, Hagelsteinen, Feuer und Schwefel. Auch das finden wir in den Zornschalengerichten, die wir ja ausführlich betrachtet haben (siehe den Band „Die Hure Babylon und die Schalen des Zorns" in dieser Reihe).

Das Gericht über Gog

Hesekiel 39,4-6: **„Auf den Bergen Israels sollst du fallen, samt allen deinen Kriegsscharen und allen Völkern, die bei dir sind. ... Ich werde Feuer senden gegen Magog und gegen die, welche auf den Inseln sicher wohnen, damit sie erfahren, dass Ich der HERR bin."**

Dies passt zur Erfüllung **nach** dem Tausendjährigen Reich, wo über die Heere, die unter der Leitung und Inspiration Satans gegen die geliebte Stadt aufgeboten werden, das Gericht durch Feuer kommt (vgl. Offb. 20,9).

Hesekiel 39,9: **„Und die Bewohner der Städte Israels werden herauskommen und ein Feuer anzünden und die Waffen**

verbrennen, Kleinschilde und Großschilde, Bogen und Pfeile, Keulen und Speere, und werden sieben Jahre lang damit heizen."

Diese Bibelstelle weist eher auf die erste Erfüllung hin, **vor** dem Tausendjährigen Reich. Warum? Nun, wie schon erwähnt: Die biblische Prophetie ist nicht immer einlinig zu verstehen. Es gibt, wie bei einem Gebirge, mehrfache Stufen der Erfüllung. Die Bewohner Israels werden sieben Jahre lang mit diesen Waffen heizen. Weil aus Offenbarung 20,7–9 hervorgeht, dass es sich hierbei um einen ganz kurzen Aufstand handelt und aus dem Zusammenhang deutlich wird, dass unmittelbar danach der Jüngste Tag und die Erschaffung des neuen Himmels und der neuen Erde erfolgen, lege ich die Erfüllung von Hesekiel 39,9 **vor** das Tausendjährige Reich. Es wird im Tausendjährigen Reich in den Städten Israels mit diesen Waffen in den ersten sieben Jahren noch Feuer gemacht werden können. Im neuen Himmel und der neuen Erde mit ihren andersartigen Beschaffenheiten und dem Übergang von der Zeit in die Ewigkeit ergäben solche Orts-, Zeit- und Materialangaben wenig Sinn.

Von den Waffen kann man annehmen, dass sie zum Teil symbolisch zu verstehen sind. Es handelt sich um wirkliche Waffen, doch eher um moderne Kriegswaffen als um Pfeile, Speere und ähnliches. Der Prophet bezeichnete das, was er schaute, mit den Begriffen seiner Zeit, und wir Heutigen können dennoch verstehen, was gemeint ist. Denn die Waffen sind von der Funktionsweise her ähnlich geblieben. Die Pfeile und Speere bezeichnen z.B. die heutigen Gewehre (oder zukünftige Weiterentwicklungen davon).

Die Propheten haben also mit den Bildern ihrer Zeit beschrieben, was sie geschaut haben. Wenn sie ein Gewehr gesehen haben, hat das für sie wie ein Pfeil ausgesehen, ebenso die Keulen und Speere. Die Kanonenrohre heute erinnern ja an diese ursprünglichen Formen. Es ist für uns kein Problem, die prophetische Sprache im Detail als symbolisch zu betrachten, aber in den Grundlinien, in den historischen Abläufen als real. Ich betone immer wieder, dass die Details (Einzelheiten) in der Prophetie oft Symbole sind, die der Prophet in den Bildern seiner Zeit geschaut hat, wie z.B. die Heuschrecken in der Offenbarung, wobei damit sicherlich auch moderne Waffensysteme gemeint sind (siehe meine Auslegung zu Offb. 9,7ff.). Aber die Tatsache, **dass** diese Kämpfe stattfinden und **dass** Waffen vorkommen, ist geschichtlich-prophetische Realität. Dies können viele leider nicht unterscheiden. Und dann schütten sie „das Kind mit dem Bade aus" und haben am Ende gar keine prophetische Erkenntnis mehr.

Die Heimkehr Israels

Hesekiel 39,28: **„Daran sollen sie erkennen, dass Ich, der HERR, ihr Gott bin, weil Ich sie unter die Heidenvölker in die Gefangenschaft führen ließ und sie nun wieder in ihr Land versammle und keinen von ihnen mehr dort zurücklasse."**

Hier findet die Neuentstehung Israels Erwähnung, die Rückkehr ins geliebte Land vor und nach der Staatsgründung im Jahre 1948. Bis heute werden immer mehr Juden aus den Ländern, in denen es Verfolgung gibt, herausgeholt. Vor einiger Zeit hat man z.B. 500 Juden aus Georgien evakuiert, als dort ein Krieg ausbrach. Die einzige Fluggesellschaft, die den Mut aufbrachte, dorthin zu fliegen, war die El-Al aus Israel. Ja, sie halten zu ihren Volksgenossen. Mögen die anderen Völker auch diesen Mut besitzen, zu ihren Leuten zu stehen.

Hesekiel 39,29: **„Und ich will künftig Mein Angesicht nicht mehr vor ihnen verbergen, weil ich Meinen Geist über das Haus Israel ausgegossen habe", spricht Gott, der HERR.** Das gilt für das Tausendjährige Reich. Nach dem Tausendjährigen Reich erfolgt dann die beschriebene Schlacht, in ähnlicher Weise wie bei Harmagedon. Aber sie wird diesmal kürzer dauern.

Offenbarung 20,9: **Und sie zogen herauf auf die Fläche des Landes und umringten das Heerlager der Heiligen und die geliebte Stadt. Und es fiel Feuer von Gott aus dem Himmel herab und verzehrte sie.** So schnell greift Gott ein. Mit dem Hauch Seines Mundes wird Er sie richten und beseitigen.

Und nun erhält der Anstifter endlich, endlich seine verdiente Strafe, aus der er nicht mehr herauskommen wird. Offenbarung 20,10: **Und der Teufel, der sie verführt hatte, wurde in den Feuer- und Schwefelsee geworfen, wo das Tier ist und der falsche Prophet, und sie werden gepeinigt werden Tag und Nacht, von Ewigkeit zu Ewigkeit.**

In dem Feuer- und Schwefelsee befinden sich bereits seit der Schlacht von Harmagedon das Tier, der Antichrist, und der falsche Prophet, der Propagandaminister des Antichristen. Die Pein hat also kein Ende.

Der große weiße Thron

Und nun kommen wir zu dem Endgericht am Jüngsten Tag. Offenbarung 20,11: **Und ich sah einen großen weißen Thron und Den, Der darauf saß; vor Seinem Angesicht flohen die Erde und der Himmel, und es wurde kein Platz für sie gefunden.**

Es ist klar, dass Gott auf diesem Thron sitzt. Dieser Thron ist größer als alle Throne dieser Welt. Keiner reicht an Gottes Herrschaft heran. Gott, der alles erschaffen hat, der auch die Throne dieser Welt zulässt, wollte nicht, dass Israel einen König hatte. Doch die Israeliten waren ungehorsam. Sie wollten

Könige haben, genauso wie die umliegenden Völker (1. Samuel 8). Und dann haben sie Könige bekommen, gute Könige, aber auch sehr böse und schlechte Könige.

Das ist bis heute so. Die Völker wollen ihre Herrscher oder auch nicht. Anarchie ist allerdings auch kein Ausweg. Es sollte im Staat eine Herrschaft der Besten bestehen, und dies sollten gottesfürchtige Männer sein, die die Gebote Gottes ernst nehmen. Aber sind es immer die Besten? Und wenn eine Monarchie einen schlechten Herrscher an der Spitze hat, dann ist der Tod im Topf.

Deshalb sollte es in der Gemeinde keine Monarchie geben. Gemäß der Bibel gilt in der Gemeinde das Ältestenprinzip. Dabei ist die Leitung auf mehrere Schultern verteilt, damit alle Brüder, die als Älteste dienen, sich durch das Wort und den Geist Gottes prüfen lassen und Korrektur annehmen, so dass in den Gemeinden keine autokratischen (selbstsüchtigen) Gewaltherrscher auftreten.

Es soll nicht so sein wie in der Welt, dass nur einer das Sagen hat. Wenn dieser sich irrt, sind alle verloren. Das ist das große Problem bei der römisch-katholischen Kirche. Dort hat einer letztendlich das Sagen und gilt als unfehlbar, wenn er Entscheidungen ex cathedra (von seinem Lehrstuhl) her trifft. Und wie oft hat er sich schon geirrt und wird trotzdem als unfehlbar bezeichnet! Dieser eine wird genannt: „il papa", der „Vater" oder „Papst". Aber der HERR Jesus sagt: **„Ihr sollt niemand Vater nennen auf Erden"** (Matthäus 23,9), abgesehen natürlich von den leiblichen Vätern. Hier sind geistliche Führungsgestalten gemeint. Und diese sollen wir auch nicht „Abt" nennen, das heißt nämlich auch „Vater". Das katholische System mit „Würdenträgern" ist völlig unbiblisch in all diesen Punkten. Das nur nebenbei bemerkt. Nein, nur Gott allein soll angebetet werden. ER allein soll herrschen. Und die Ältesten sollen sich unablässig orientieren an Gottes Wort und an nichts anderem.

Gott sitzt auf dem großen weißen Thron. Der Thron ist weiß, weil er völlig rein und weil Gott absolut gerecht ist. Es wird nichts Unreines in Sein Reich hinein gelangen. Gott wird absolut gerecht richten über alle Menschen, die jemals gelebt haben, jetzt leben und noch leben werden.

„Vor Seinem Angesicht flohen die Erde und der Himmel, und es wurde kein Platz für sie gefunden."

Das ist der Abbruch der alten Schöpfung. Wie eine Decke wird der alte Himmel und die alte Erde zusammengerollt, um einem neuen Himmel und einer neuen Erde Platz zu machen. Das Tausendjährige Reich, davon bin ich überzeugt, wird sich noch in diesem alten Kosmos abspielen. Aber der neue Himmel und die neue Erde mit dem himmlischen Jerusalem, das ist der neue Kosmos, eine neue Schöpfung Gottes, in der nichts Unreines mehr ist, in dem auch Satan die Menschen nicht länger anfechten kann, in das nur die Reingewaschenen durch das Blut Jesu hineinkommen werden.

Die Toten vor dem Thron

Sodann wird der Richterstuhl Gottes beschrieben und gesagt, wer vor diesem Stuhl auftritt. Vielleicht marschieren Menschen dort zunächst noch stolz auf, aber diejenigen, die dort hingehen, werden schließlich gedemütigt weggehen und ihren Lohn für ihren Unglauben, für ihre Sünden erhalten.

Offenbarung 20,12: **Und ich sah die Toten, kleine und große, vor Gott stehen, und es wurden Bücher geöffnet, und ein anderes Buch wurde geöffnet, das ist das Buch des Lebens; und die Toten wurden gerichtet gemäß ihren Werken, entsprechend dem, was in den Büchern geschrieben stand.**

Es wird keinen Unterschied geben, ob der Mensch vom Körperwuchs her oder sonst von seiner Stellung auf dieser Welt her klein oder groß war. Dort wird genauso der Bundeskanzler stehen wie der Müllsammler. Gott wird nicht darauf schauen, ob jemand Bedeutung in der irdischen Welt hatte. Es wird um die Bedeutung in der anderen Welt gehen. Und da wird es Überraschungen geben. Da werden diejenigen, die hier klein und unscheinbar erschienen sind, vielleicht ganz oben beim HERRN sitzen; und diejenigen, die hier sich immens viel eingebildet haben, vielleicht sogar große Evangelisten und Verkündiger des Wortes gewesen sind, denen viele Leute nachgereist sind, werden vielleicht einen Platz unten einnehmen dürfen und gerettet sein, wie durchs Feuer hindurch. Es wird da so manche Überraschungen geben. Ein altes Mütterlein, eine treue Beterin, hat im Himmel vielleicht mehr zu sagen als jemand, der hier große Kirchen geleitet hat. Als die Jünger den HERRN Jesus fragten: „Wer ist der Größte im Himmelreich?", da nahm Er ein Kind an die Hand und sprach: **„Wenn ihr nicht umkehrt und werdet wie die Kinder, dann werdet ihr nicht ins Himmelreich kommen"** (Matthäus 18,2f.).

Dieser kindliche, vertrauensvolle Glaube an den Sünderheiland ist entscheidend für die Errettung. Die rettende Heilsbotschaft ist so einfach, dass schon ein kleines Kind in der Kinderstunde sie verstehen und den HERRN Jesus annehmen kann.

Das Buch des Lebens ist entscheidend

Die Bücher verraten uns, dass bei Gott alles aus unserem Leben notiert ist. Jeder Gedanke, jedes Wort, jede Tat, jede Regung unseres Herzens ist bei Ihm sichtbar, wie ein Film. Heute kennt man ja die Filmtechnik. Man kann es sich so vorstellen, als ob unser ganzes Leben gefilmt worden wäre. So ist also alles bei Gott notiert. Diese Tatsache wird, wenn wir ehrlich sind,

jeden Menschen im Grunde erschrecken: dass es einen gibt, der alles über uns weiß. Er weiß auch alles über unsere dunklen Stunden. Wir haben nicht immer nur Lichtstunden. Jeder von uns ist anfechtbar, versuchbar und auch schon in Sünde gefallen, und das bestimmt nicht nur einmal.

Aber deshalb ist das andere Buch entscheidend: „das Buch des Lebens" oder auch „das Lebensbuch des Lammes" genannt, z.B. in Offenbarung 13,8, wo wir lesen, dass alle das Tier anbeten werden, außer denen, die im Lebensbuch des Lammes geschrieben stehen. Dies ist das Lebensbuch unseres HERRN Jesus Christus. Wenn Satan als der Verkläger auftritt, wird der HERR Jesus als unser Verteidiger auftreten, wenn wir Seine Kinder sind, und sagen: „Dieser Mensch hat seine Schuld auf Mich gelegt. Ich habe sie für ihn getragen. Er steht im Lebensbuch." Dieser Mensch kommt deshalb nicht in dieses Jüngste Gericht, sondern darf zur ersten Auferstehung in das Himmelreich eingehen und muss nicht die zweite Auferstehung der Verdammten miterleben. In Johannes 3 und 5 heißt es, dass derjenige, der an den Sohn Gottes glaubt, nicht in das Gericht - und damit ist das End- oder Weltgericht (nicht das Lohn- oder Preisgericht nach 1. Kor 3) gemeint - kommt!

Der Vater übergibt dem Sohn das Gericht

Übrigens sehen wir hier, dass der Vater dem Sohn das Gericht übertragen hat. Und der Sohn übergibt - gemäß 1. Korinther 15,24ff. - dem Vater die ganze Herrschaft. Es sitzt zwar der Vater auf dem Thron, aber Er richtet durch Seinen Sohn. Der HERR Jesus wird also entscheiden, wer zu Ihm gehört hat und wer nicht, und auch das Gericht ausführen:

Johannes 5,21-23: **Denn wie der Vater die Toten auferweckt und lebendig macht, so macht auch der Sohn lebendig, welche Er will. Denn der Vater richtet niemand, sondern alles Gericht hat Er dem Sohn übergeben, damit alle den Sohn**

ehren, wie sie den Vater ehren. Wer den Sohn nicht ehrt, der ehrt den Vater nicht, der Ihn gesandt hat.

Gemäß Daniel 7 ist der HERR Jesus, als der Menschensohn, der Weltenrichter. Wenn Er nicht bei Seinem ersten Kommen unser Retter wurde, dann wird Er bei Seinem zweiten Kommen unser Richter sein! Wenn wir Ihn aber als den, der beim ersten Kommen als Retter gekommen ist, angenommen haben, dann wird Er am Ende nicht mehr unser Richter sein, sondern unser Fürsprecher, wie es im 1. Johannesbrief heißt: **„Wir haben einen Fürsprecher beim Vater, unseren HERRN Jesus Christus“** (1. Johannes 2,1).

Ist der HERR Jesus am Ende dein Richter oder dein Fürsprecher? Wirst du gemäß dem großen Buch gerichtet, das bei Gott beim Jüngsten Gericht geöffnet wird, oder stehst du bereits im Lebensbuch des Lammes, so dass du nicht ins Jüngste Gericht kommst? Die Frage stellt sich uns auch heute.

Wir können Vater und Sohn nicht trennen. Viele bestreiten heute leider die Dreieinigkeit Gottes. Doch auf jeder Seite der Bibel springt uns zwar der Begriff „Dreieinigkeit“ nicht entgegen, aber die Tatsache ist, dass Vater und Sohn und Heiliger Geist sich nicht trennen lassen. So steht es auch hier. Natürlich ist der Sohn nicht der Vater und der Vater nicht der Sohn. Aber der Sohn (und ebenso der Heilige Geist) ist gleichen göttlichen Wesens wie der Vater, weil Er ja Sein Sohn ist (und der Geist vom Vater und vom Sohn ausgesandt wird). „Gott von Gott“, haben die alten Väter gesagt. Jesus hat eine andere Funktion als der Vater, aber Er übergibt dem Vater die Herrschaft und ist vom Vater als Richter eingesetzt. Der Vater hat alles Gericht dem Sohn übergeben, damit alle den Sohn ehren, wie sie den Vater ehren. Wer den Sohn nicht ehrt, der ehrt den Vater nicht, der Ihn gesandt hat. Hier wird ganz klar die Gottheit Jesu Christi betont und Seine Aufgabe der Rettung und dann auch des Gerichts.

Unser irdisches Leben – eine Prüfungszeit!

Johannes 5,24: **Wahrlich, wahrlich, ich sage euch, wer Mein Wort hört und dem glaubt, der Mich gesandt hat, der hat**

ewiges Leben und kommt nicht ins Gericht, sondern er ist vom Tode zum Leben hindurchgedrungen.

Das sagt Jesus über sich selbst. Jetzt auf Jesu Wort hören, jetzt Ihn annehmen, Seine Liebe erwidern und in Sein herrliches Reich eingehen dürfen, das ist Errettung, Erlösung. Wer an den Vater glaubt, der Jesus gesandt hat, der hat bereits den Sieg. Hier und jetzt fällt die Entscheidung. Unser ganzes Leben hier ist nichts anderes als die Prüfungszeit für die Ewigkeit. Manche meinen, dass dieses Leben hier auf der Erde alles sei. Das ist der größte Betrug Satans. Das eigentliche Leben beginnt erst in der Vollendung in der Ewigkeit. Dies hier ist nur die Prüfungszeit! Gott prüft jetzt unsere Herzen. Deshalb freut euch, wenn es auf den irdischen Tod zugeht! Dann beginnt ja erst das eigentliche Leben. Dann werden wir keine Schmerzen, kein Leid, keine Pein mehr haben, wie es in Offenbarung 21 und 22 beschrieben wird. Es wird dort keine Träne mehr geweint werden. Aber wir werden Ihn schauen, wie Er ist, und auf den goldenen Gassen wandeln und durch die Perlentore gehen in der himmlischen Stadt.

Jesus Christus, der Weltenrichter

Jesus spricht weiter in Johannes 5,25–26: **Wahrlich, wahrlich, ich sage euch, die Stunde kommt und ist schon da, wo die Toten die Stimme des Sohnes Gottes hören werden, und die sie hören, werden leben. Denn wie der Vater das Leben in Sich selbst hat, so hat Er auch dem Sohne verliehen, das Leben in Sich selbst zu haben.** Der Sohn hat absolute Vollmacht vom Vater bekommen. **„Gott von Gott, Licht vom Licht, wahrer Gott vom wahren Gott"**, das ist der Sohn Gottes.

Johannes 5,27: **Und Er hat Ihm Vollmacht gegeben, auch Gericht zu halten, weil Er der Sohn des Menschen ist.** Das ist nach Daniel Kapitel 7 der Menschensohn als der Weltenrichter.

Johannes 5,28–30: **Verwundert euch nicht darüber! Denn es kommt die Stunde, in der alle, die in den Gräbern sind, Seine Stimme hören werden; und sie werden hervorgehen, die das Gute getan haben, zur Auferstehung des Lebens; die aber das**

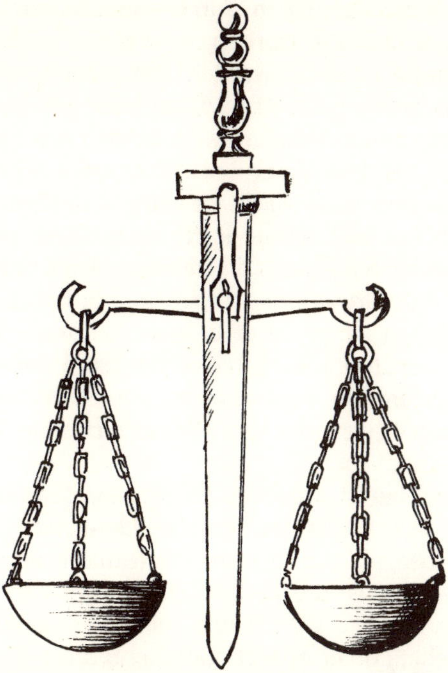

Böse getan haben, zur Auferstehung des Gerichts. Ich kann nichts von Mir selbst aus tun. Wie ich höre, so richte ich, und Mein Gericht ist gerecht; denn ich suche nicht Meinen Willen, sondern den Willen des Vaters, der Mich gesandt hat.

Der völlig gehorsame Sohn, Jesus Christus, spricht hier, der im Auftrag, in der Bevollmächtigung durch Seinen Vater handelt und Ihm auch wieder alle Herrschaft übergibt.

Jesus Christus, der Erstling der Entschlafenen

Das lesen wir auch an einer anderen wichtigen Stelle zu dieser Frage in 1. Korinther 15,20–28:

Nun aber ist Christus aus den Toten auferweckt, Er ist der Erstling der Entschlafenen geworden. Denn weil der Tod durch einen Menschen kam (nämlich Adam), **so kommt auch**

die Auferstehung der Toten durch einen Menschen; denn gleichwie in Adam alle sterben, so werden auch in Christus alle lebendig gemacht werden. Ein jeder aber in seiner Ordnung: Als Erstling Christus, danach die, welche Christus angehören, bei Seiner Wiederkunft; danach das Ende, wenn Er das Reich Gott dem Vater übergeben wird, wenn Er jede Herrschaft, Gewalt und Macht beseitigt hat. Denn Er muss herrschen, «bis er alle Feinde unter Seine Füße gelegt hat». Als letzter Feind wird der Tod besiegt. Denn «alles hat Er Seinen Füßen unterworfen». Wenn es aber heißt, dass Ihm alles unterworfen ist, so ist offenbar, dass derjenige ausgenommen ist, der Ihm alles unterworfen hat. Wenn Ihm aber alles unterworfen sein wird, dann wird auch der Sohn selbst Sich Dem unterwerfen, der Ihm alles unterworfen hat, damit Gott alles in allem sei.

Die Reihenfolge ist wie folgt: Zuerst ist Christus auferstanden. ER hat zwar andere auferweckt. Diese sind dann aber wieder gestorben, wie z.B. Lazarus, der Jüngling von Nain und andere. Aber Jesus ist der Erstling der Entschlafenen, die nie mehr sterben werden. ER hat uns Leben geschenkt. Es wird jeder auferstehen, ob er es will oder nicht; ob er es verdrängt und sich vielleicht verbrennen lässt und meint: „Dann ist alles aus und vorbei. Ich will nicht in ein Gericht kommen." Es existiert ja leider diese naive Vorstellung von Menschen, bei denen es heißt: „Wenn ich mich verbrennen lasse, wird mit dem Tod bestimmt alles aus sein." Aber das ist ein großer Selbstbetrug. Es werden alle auferstehen. Es werden alle einen Ewigkeitsleib bekommen; aber die einen zur Verherrlichung, die anderen zur Verdammnis.

Lasset euch versöhnen mit Gott!

„**Als Erstling Christus, danach die, welche Christus angehören, bei Seiner Wiederkunft**" - damit ist die erste Ankunft Christi gemeint bei der Entrückung, und auch die Verwandlung derer, die dann noch als Märtyrer sterben. Sie werden ebenso diesen verwandelten Leib bekommen und ewig zum HERRN eingehen dürfen. Am Ende wird Christus das Reich Gott, dem Vater, übergeben. Auch hier wird gesagt, dass der Vater dem Sohn die Erlöser- und Richtergewalt anvertraut. Es ist übrigens nicht so, dass der Teufel auch noch erlöst wird, wie es manche Kreise lehren, und dass die, welche nicht glauben, auch noch irgendwann gerettet würden. Bevor Gott **alles in allem** ist, werden nämlich zuerst **alle Feinde unter Seine Füße gelegt**! Das heißt nicht, dass sie mit Ihm herrschen oder auch noch gerettet werden. Nein, sie werden unter Seine Füße gelegt werden. Das ist ein Zeichen für die Bestrafung der Gottlosen. Wir dürfen Bibelstellen nicht aus dem Zusammenhang reißen, sonst gelangen wir zu falschen Lehren.

Es heißt z.B. in 2. Korinther 5,18–19 durchaus: **Das alles aber von Gott, der uns durch Christus mit Sich selbst versöhnt und uns den Dienst der Versöhnung gegeben hat; weil nämlich Gott in Christus war und die Welt mit Sich selbst versöhnte, indem Er ihnen ihre Sünden nicht zurechnete und das Wort der Versöhnung in uns legte.**

Aber wenn wir weiterlesen, heißt es gleich anschließend: 2. Korinther 5,20: **So sind wir nun Botschafter an Christi Statt, und zwar so, dass Gott selbst durch uns ermahnt; darum ermahne ich euch, an Christi Statt: Lasset euch versöhnen mit Gott!**

Versöhnt wird also nur der sein, der sich auch hat versöhnen lassen! Gott behandelt uns nicht wie Marionetten. Er schafft nicht eine automatische Versöhnung ohne Bekehrung und Wiedergeburt, sondern Sein Aufruf lautet: **„Lass dich versöhnen mit Gott!“** Wer sich nicht versöhnen lässt, wird auch nicht versöhnt sein. Leider wird in manchen Kreisen manches aus dem Zusammenhang gerissen. Ungute Lehren sind dadurch entstanden, die, wenn man den Zusammenhang beachtet, biblisch nicht haltbar sind.

Allein wer im Buch des Lebens steht, wird nicht am Jüngsten Tag gerichtet werden, denn er hat schon das ewige Leben erhalten, wie wir es aus Johannes Kapitel 3 und 5 und vielen anderen Stellen entnehmen dürfen.

Was heißt „gerichtet nach den Werken“?

Offenbarung 20,12 b: **Und die Toten wurden gerichtet gemäß ihren Werken, entsprechend dem, was in den Büchern geschrieben stand.**

Gibt es jetzt doch eine Werkgerechtigkeit, sind die Werke heilsentscheidend? Wir müssen zur Beantwortung dieser Frage von den klaren Stellen der Heiligen Schrift ausgehen. Diese besagen, dass der Glaube an den Sohn Gottes heilsentscheidend ist, dass es keinen anderen Weg zum Vater gibt. So lesen wir z.B. in Johannes 14,6: **Jesus spricht: „Ich bin der Weg, die Wahrheit und das Leben. Niemand kommt zum Vater außer durch Mich.“**

In Römer Kapitel 3 wird klar ausgesagt, dass durch **Werke des Gesetzes** niemand gerettet werden kann, sondern allein aus Gnaden durch den **Glauben** an Jesus Christus.

In Apostelgeschichte 4,12 lesen wir: **„Es ist in keinem anderen das Heil“** - außer in unserem HERRN Jesus Christus. Und in 1. Korinther 3,11 finden wir die Aussage: **Einen anderen Grund kann niemand legen als den, der gelegt ist, welcher ist unser HERR Jesus Christus.**

Die Werke können uns also nicht retten. Sie spielen für den Gläubigen höchstens eine Rolle als Konsequenz des Gerettetseins. Sie sollten dann aber auch - als Werke des **Glaubens** (nicht des Gesetzes), als Frucht des Geistes - praktiziert werden (vgl. Galater 5, Jakobus 2 u.a.). Ansonsten ist der Glaube „tot“ (Jakobus 2,17).

Was geschieht mit den Ungläubigen?

Aber was ist mit den Ungläubigen? Da hat Gott auch einen Maßstab, und das sind die Werke. Ich folgere aus dieser und anderen Stellen, die ich gleich noch anführen werde, dass es genauso wie es für die Gläubigen ein Preisgericht gibt (1. Korinther 3,12ff.), ein Werkgericht geben könnte für die Ungläubigen; dass Gott also wirklich so gerecht ist, dass Er Menschen wie Adolf Hitler, der viele Millionen Menschen auf dem Gewissen hat, genauso wie ein Josef Stalin und andere Diktatoren, nicht auf die gleiche Stufe stellen wird, wie jemand, der ein einfacher Gottesleugner war, aber eben keine Menschen physisch getötet hat.

Wir lesen, was Jesus über die unbußfertigen Städte sagt: Matthäus 11,21–22: **Wehe dir, Chorazin, wehe dir, Bethsaida! Denn wenn in Tyrus und Sidon die Wundertaten geschehen wären, die bei euch geschehen sind, so hätten sie längst in Sack und Asche Buße getan. Doch ich sage euch, es wird Tyrus und Sidon erträglicher gehen am Tag des Gerichts als euch!**

Man kann diesen Vergleich gewiss bildlich verstehen. Falls man ihn aber wörtlich nimmt, könnte man daraus folgern, dass diejenigen, die mehr wissen und denen mehr anvertraut worden ist, beim Gericht härter bestraft werden.

Das Gleiche ergibt sich aus Matthäus 11,23–24: **Und du, Kapernaum, die du bis zum Himmel erhöht worden bist, du wirst bis zum Totenreich hinabgeworfen werden. Denn wenn in Sodom die Wundertaten geschehen wären, die bei dir geschehen sind, es würde noch heutzutage stehen! Doch ich sage euch, es wird dem Land Sodom erträglicher gehen am Tag des Gerichts als dir!**

Kapernaum war die Stadt, in der Jesus zeitweilig gelebt und sehr viel gewirkt hat. Aber er wurde von den Bewohnern abgelehnt. Der Prophet gilt bekanntlich nichts im eigenen Land. Ich erlebe das übrigens auch. Es geht jedem von uns so. Aber Gott sei Dank gibt es noch Menschen, die die frohe Botschaft hören wollen.

Eine noch deutlichere Stelle ist Lukas 12,47–48: **Der Knecht aber, der den Willen seines Herrn kannte und sich nicht bereit hielt und auch nicht nach seinem Willen tat, wird viele Schläge erleiden müssen; wer ihn** (den Willen des HERRN) **aber nicht kannte und doch tat, was Schläge verdient, der wird wenig Schläge erleiden müssen.**

Erkennen wir den Unterschied? Wenn ich den Willen des HERRN kenne, aber dann ungehorsam bin, werde ich härter bestraft, als wenn ich den Willen des HERRN nicht kannte und trotzdem gesündigt habe. Ein solcher Mensch wird weniger Schläge erleiden müssen, vorausgesetzt er kannte Jesus überhaupt nicht. Es geht hier um das Strafmaß für diejenigen, die ins Gericht kommen.

Dann heißt es weiter zur Erklärung: Lukas 12,48: **Denn wem viel gegeben ist, bei dem wird man viel suchen; und wem viel anvertraut ist, von dem wird man umso mehr fordern.**

Und wer nie das Evangelium gehört hat?

Jetzt kommt die schwierige Frage, auf die ich auch keine ultimative Antwort habe: Was ist mit jenen, die nie von Jesus Christus gehört haben? Ich kann nur sagen, dass Gott gerecht und barmherzig ist. ER sieht jedes Menschenherz. Es gibt Hinweise in der Heiligen Schrift, dass man Gott an den Werken der Schöpfung erkennen kann (Römer 1) und dass den Heiden das Gesetz ins Gewissen geschrieben ist (Römer 2), so dass auch da Unterschiede sein können: Einer sündigt viel und ein anderer wenig. Ich möchte daraus aber keine Lehre entwickeln. Man kann auf ein unterschiedliches Strafmaß beim Gericht schließen (siehe oben). Manche behaupten, dass es Heiden geben könnte, die den lebendigen Gott aus der Schöpfung und aus ihrem Gewissen heraus erkannt haben, die dort leben, wo noch nie ein Missionar hingekommen ist. Der HERR könnte solche auch begnadigen und sagen: „Das ist ein gerechter Mensch, so wie es ein Mensch nur sein konnte, der noch nie das Evangelium gehört hat."

Aber Vorsicht, wir wollen daraus keine Lehre machen. Doch wir wollen nicht die letzten Geheimnisse Gottes einfach erklären und sagen: Ja, entweder geht dieser oder jener absolut verloren oder wird absolut gerettet. Gottes Gerechtigkeit und Barmherzigkeit wird entscheiden. Für uns gilt ganz klar: Predige Jesus Christus! Verkündige allen Heidenvölkern das Evangelium, damit sie die Rettungsbotschaft hören! Wir dürfen sie nicht in der Unsicherheit lassen, ob es reicht, in den Himmel zu kommen oder nicht. Diese Vorstellung ist eine gefährliche und missverständliche Vorstellung. Für uns ist wichtig, das klare Evangelium zu verkündigen bis hin zu den letzten Völkern dieser Erde (vgl. Matthäus 28,19f.).

Das Ende des Todes

Offenbarung 20,13-14: **Und das Meer gab die Toten heraus, die in ihm waren, und der Tod und das Totenreich (der Hades) gaben die Toten heraus, die in ihnen waren; und sie wurden gerichtet, ein jeder nach seinen Werken. Und der Tod und das Totenreich (Hades) wurden in den Feuersee geworfen. Das ist der zweite Tod.**

Der Tod und der Hades kommen hier fast als personale Größen zum Vorschein. Sie werden auch in den Feuersee geworfen. Wir merken, dass dies dämonische Mächte sind. Der Tod ist der letzte Feind. Ein Feind ist eine personale Macht. Man kann vielleicht sagen, so etwas wie ein Todesengel, der über das Totenreich herrscht. Die Vorstellung vom Hades stammt übrigens nicht aus dem Griechentum, sondern aus der Bibel. Die Griechen haben den Scheol aus der Bibel übernommen und dann ihre heidnische Hadeslehre daraus entwickelt, also nicht umgekehrt, wie manche denken. Zuerst war Gottes Offenbarung da. Dann haben die Heiden einen schwachen Abglanz der biblischen Offenbarung zu ihren eigenen Lehren umgedeutet. Mit der Dreieinigkeit war es genauso. Viele behaupten: „Die Dreieinigkeitslehre ist aus dem Heidentum übernommen worden." Aber es ist genau umgekehrt. Die Heiden haben die Dreieinigkeit verfälscht zu ihren Göttertrilogien (Götter-Dreiheiten). Das können viele leider nicht unterscheiden. Historisch und offenbarungsgeschichtlich war es genau umgekehrt, wie es oft dargestellt wird. Die Dreieinigkeit ist schon in 1. Mose 1 enthalten: **„Lasset uns Menschen machen"** und **„Der Geist Gottes schwebte über den Wassern"** usw. Ich kann das jetzt hier nur andeuten.

Der Zwischenzustand

So wollen wir also das Wort Gottes insgesamt betrachten und ernst nehmen. Genauso ist es mit der Hadeslehre. Sie wird in Lukas 16,19-31 beschrieben. Es gibt bis zum Jüngsten Tag einen Zwischenzustand. Es herrscht eine tiefe Kluft zwischen

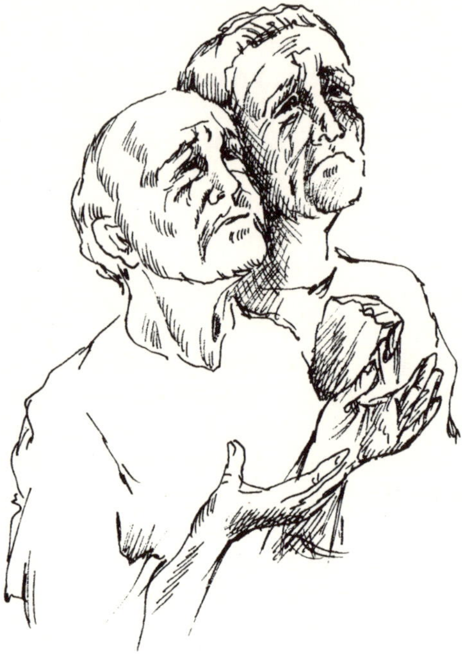

Geretteten und Verlorenen. Die Geretteten ruhen im Schoße Abrahams. Die Verlorenen sind dort, wo das Feuer sie auch jetzt schon ermattet und angreift. Der reiche Mann in Lukas 16 bittet den armen Lazarus in Abrahams Schoß darum, er möge doch den Finger in Wasser tauchen, um ihm eine Erfrischung zu reichen. Aber das geht nicht. Es liegt eine tiefe Kluft zwischen diesen beiden, die niemand überschreiten kann.

Wir erkennen aus der Schilderung Jesu in Lukas 16, dass die Zeit noch bis zum Jüngsten Tag in der Weise, wie wir sie kennen, existiert! Das wird auch deutlich in Offenbarung 6, als die Märtyrer, die Seelen der um Jesu willen Ermordeten, am Altar stehen und sagen: **„HERR, wie lange noch, bis du unser Blut rächst?"** Ein klarer Hinweis auf weiterlaufende Zeit bis zum Jüngsten Gericht! Demnach ist also der Zwischenzustand zwischen irdischem Tod und Jüngstem Gericht ein zeitlicher Zustand und noch nicht die Ewigkeit. Was danach ist, ob die Zeit nach dem heutigen bekannten Maße weiterläuft oder ob es danach eine andere Dimension gibt, das können wir nicht im Einzelnen sagen. Wir wissen nicht, wie die Ewigkeit beschaffen ist. Aber es wird alles unendlich gesteigert herrlicher sein, als alles, was wir hier erleben. Wir haben hier eine wunderschöne Schöpfung zu beobachten. Um wie viel schöner wird es erst im Himmel sein, wo die Blume nicht mehr verwelkt und alles ewig blühen und reifen wird und wo wir Dinge erfahren werden, wozu unsere Lebenszeit auf Erden niemals ausreichen kann. Wir können hier höchstens ein oder zwei Berufe erlernen, wenn es hoch kommt. Aber dort werden wir alle Geheimnisse ergründen dürfen, indem wir Gott schauen und Jesus Christus erkennen, wie Er ist.

Stehst du im Buch des Lebens?

Der Tod und der Hades, sie gaben ihre Toten heraus. Im himmlischen Jerusalem wird es übrigens kein Meer geben. Der Begriff findet sich **nicht** im neuen Himmel und in der neuen Erde! Das Meer ist ja etwas Bedrohliches und steht symbolisch für Chaosmacht, Vergänglichkeit und ähnliche Dinge. Der Tod und das Todesreich werden in den Feuersee geworfen und werden nicht mehr sein. Der Feuersee ist der absolute Zustand des Endgerichts, aus dem keiner mehr heraus gelangt. Der Tod wird nicht mehr herauskommen. Es wird ewiges Leben sein für die Erretteten, aber auch für diejenigen, die im Feuerpfuhl sind. Das ist der zweite Tod, in dem alle negativen, dämonischen Mächte und die abgefallene, gottlose Menschheit im Feuerpfuhl sein werden, mit dem Satan, dem Antichristen und dem falschen Propheten zusammen.

Offenbarung 20,15: **Und wenn jemand nicht im Buche des Lebens eingeschrieben gefunden wurde, so wurde er in den Feuersee geworfen.**

Das ist noch einmal eine letzte Warnung, bevor das herrliche, neue himmlische Jerusalem beschrieben wird. Deshalb hier nochmals die Frage: Bist du im Buch des Lebens des Lammes eingeschrieben?

Wir beten: Lieber Herr Jesus, danke dass Du für uns das Lösegeld bezahlt hast, damit wir nicht in das Endgericht kommen müssen. Bitte rette noch viele Menschen aus dieser gottlosen und gerichtsreifen Welt heraus und gebrauche uns als Deine Boten, um ihnen die rettende Botschaft zu sagen. Amen.

Reihe Offenbarung im Samenkorn-Verlag

Verfasser: Dr. Lothar Gassmann

Band 1: Die sieben Sendschreiben. Was der Geist den Gemeinden sagt (Offenbarung 1–3)

Band 2: Die sieben Siegel. Ouvertüre zum Finale (Offenbarung 4–7)

Band 3: Die sieben Posaunen und die zwei Zeugen Gottes (Offenbarung 8–11)

Band 4: Der Antichrist und sein falscher Prophet (Offenbarung 12–13)

Band 5: Die Hure Babylon und die Schalen des Zorns (Offenbarung 14–18)

Band 6: Das Tausendjährige Reich. Jesus Christus herrscht als Sieger (Offenbarung 19–20)

Band 7: Die himmlische Herrlichkeit und die Vollendung der Gläubigen (Offenbarung 21–22)

Lothar Gassmann

Die himmlische Herrlichkeit
und die Vollendung der Gläubigen

„Und ich sah einen neuen Himmel und eine neue Erde". Dieses Buch vermittelt einen Einblick in die unbeschreiblich schöne himmlische Herrlichkeit und erweckt Freude und Sehnsucht, an dieser teilzuhaben. Überwältigender als die goldenen Gassen und die Perlentore wird aber der Anblick Jesu Christi, des Erlösers, sein …

ISBN 978-3-936894-85-1

Lothar Gassmann

Die Zehn Gebote Gottes
Wie können wir danach leben?

Wie können wir in unserer Zeit nach diesen Geboten Gottes leben? Dieses Buch gibt viele hilfreiche und praktische Hinweise für ein echtes Leben als Christ.

ISBN: 978-3-936894-78-3